1

FC BAYERN MUNCHEN

O	M	M	O	T	I	N	G	V	J	V	M	U	V	T
G	M	A	Z	R	A	O	U	I	P	O	D	U	I	Q
D	E	L	I	G	T	V	R	H	S	D	Q	P	U	G
S	C	L	W	M	L	M	U	S	I	A	L	A	C	O
A	G	K	A	H	I	P	E	G	R	V	G	M	O	R
N	B	N	I	I	S	N	C	G	Q	I	U	E	M	E
E	L	U	A	Y	M	S	J	Z	O	E	E	C	A	T
C	O	Z	C	B	N	E	A	A	R	S	R	A	N	Z
U	K	B	N	H	R	M	R	R	E	S	R	N	D	K
L	I	V	E	R	M	Y	K	D	R	U	E	O	V	A
R	M	G	U	J	L	A	P	A	K	Y	I	O	X	Q
E	M	O	E	C	X	X	N	L	N	W	R	S	E	X
I	I	R	R	S	P	B	U	N	P	E	O	F	K	Y
C	C	O	M	U	L	L	E	R	P	E	R	E	T	Z
H	H	L	I	P	N	O	X	W	T	E	L	X	E	W

- ☐ #1 - NEUER
- ☐ #2 - UPAMECANO
- ☐ #3 - MINJAE
- ☑ #4 - DELIGT
- ☐ #6 - KIMMICH
- ☐ #7 - GNABRY
- ☐ #8 - GORETZKA
- ☐ #9 - KANE
- ☐ #10 - SANE
- ☐ #11 - COMAN
- ☐ #13 - MOTING
- ☐ #18 - PERETZ
- ☐ #19 - DAVIES
- ☐ #20 - SARR
- ☐ #22 - GUERREIRO
- ☑ #25 - MULLER
- ☐ #26 - ULREICH
- ☐ #27 - LAIMER
- ☐ #28 - BUCHMANN
- ☐ #39 - TEL
- ☐ #40 - MAZRAOUI
- ☑ #42 - MUSIALA

FC BAYERN MÜNCHEN

Harry
Kane

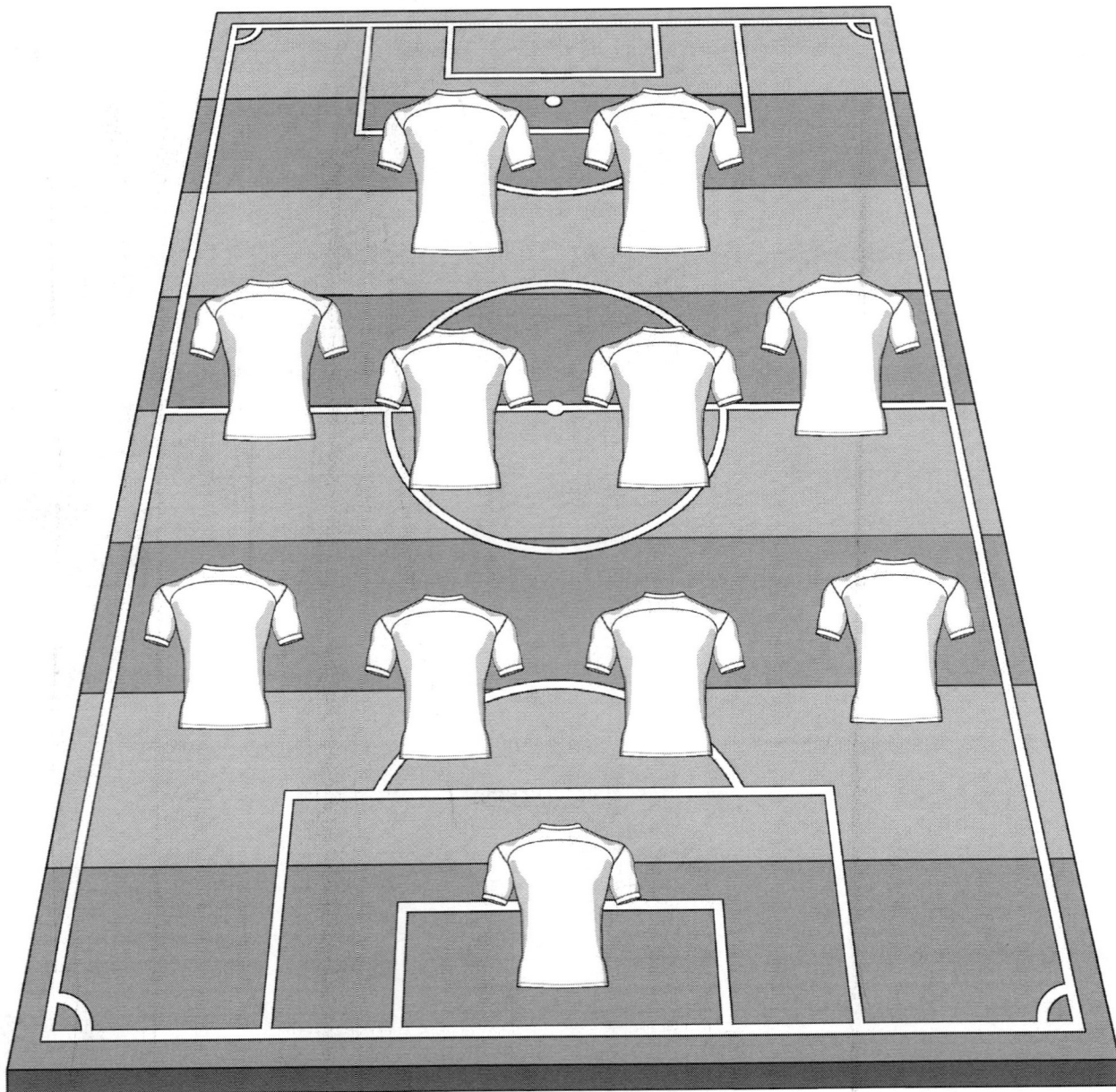

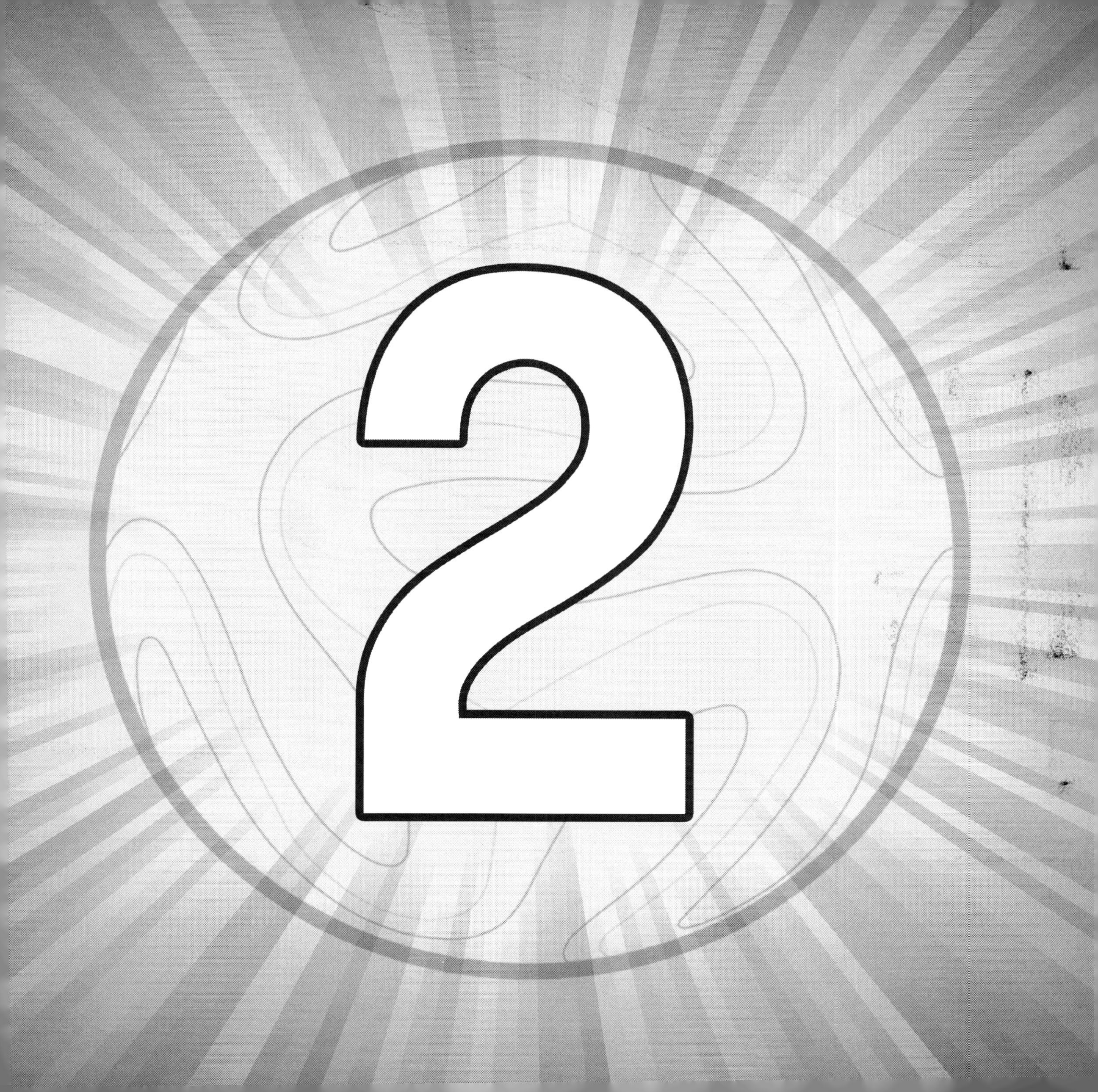
2

FC BAYERN MUNCHEN

M	E	K	Z	K	L	C	F	E	P	M	A	L	E	N	B	C	L	B	C
X	P	C	B	E	N	S	E	B	A	I	N	I	U	H	Y	S	U	L	E
G	M	O	R	E	Y	O	P	A	P	A	D	O	P	O	U	L	O	S	R
D	Y	L	V	D	O	E	O	V	C	K	O	B	E	L	R	O	R	F	E
O	P	L	N	W	H	U	M	M	E	L	S	Ö	A	A	A	P	P	U	Y
Y	D	Q	I	A	F	Y	P	X	Z	F	P	Z	G	A	D	Y	P	L	N
Y	P	O	H	L	M	A	N	N	Q	A	B	C	F	Z	E	T	M	L	A
M	E	U	N	I	E	R	K	I	Z	R	G	A	L	Y	Y	M	F	K	S
Z	O	A	H	A	L	L	E	R	I	E	V	N	N	Z	E	E	Q	R	C
G	E	S	J	B	I	P	M	M	O	U	K	O	K	O	M	Y	X	U	H
Y	K	A	N	J	L	Y	J	E	X	R	E	U	S	R	I	E	F	G	L
G	I	B	Y	N	O	E		G	I	T	T	E	N	S	M	R	R	B	O
Z	Q	R	Z	Q	T	H	K	C	C	A	L	Z	V	B	D	B	Y	J	T
A	K	E	I	N	K	N	A	F	M	E	C	Y	A	Y	V	R	E	U	T
J	X	S	Q	K	A	L	Q	Z	Q	W	N	V	H	A	B	A	R	K	E
S	A	B	I	T	Z	E	R	K	A	D	C	I	B	O	R	N	S	A	R
D	U	R	A	N	V	I	L	L	E	R	V	A	B	Z	Z	D	O	M	B
N	U	E	N	X	R	K	E	G	F	C	D	B	N	C	K	T	N	A	E
S	X	J	W	O	L	F	U	O	S	T	R	Z	I	N	S	K	I	R	C
I	V	N	M	E	C	H	A	R	G	E	K	U	Z	P	Z	J	E	A	K

- ☐ #1 - KOBEL
- ☐ #31 - OSTRZINSKI
- ☐ #33 - MEYER
- ☐ #35 - LOTKA
- ☐ #2 - MOREY
- ☐ #4 - SCHLOTTERBECK
- ☐ #5 - BENSEBAINI
- ☐ #15 - HUMMELS
- ☐ #17 - WOLF
- ☐ #24 - MEUNIER
- ☐ #25 - SULE
- ☐ #26 - RYERSON
- ☐ #6 - ÖZCAN
- ☐ #7 - REYNA
- ☐ #8 - NMECHA
- ☐ #19 - BRANDT
- ☐ #20 - SABITZER
- ☐ #23 - CAN
- ☐ #30 - POHLMANN
- ☐ #32 - KAMARA
- ☐ #47 - PAPADOPOULOS
- ☐ #9 - HALLER
- ☐ #11 - REUS
- ☐ #14 - FULLKRUG
- ☐ #16 - DURANVILLE
- ☐ #18 - MOUKOKO
- ☐ #21 - MALEN
- ☐ #27 - ADEYEMI
- ☐ #43 - BYNOE GITTENS
- ☐ #10 - HAZARD

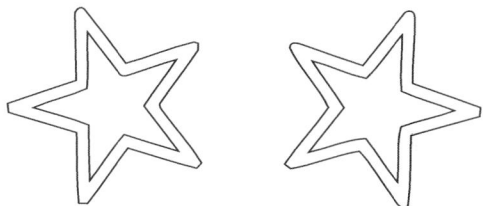

K _ _ _ _ _

_ _ _ _ _ _ _ _

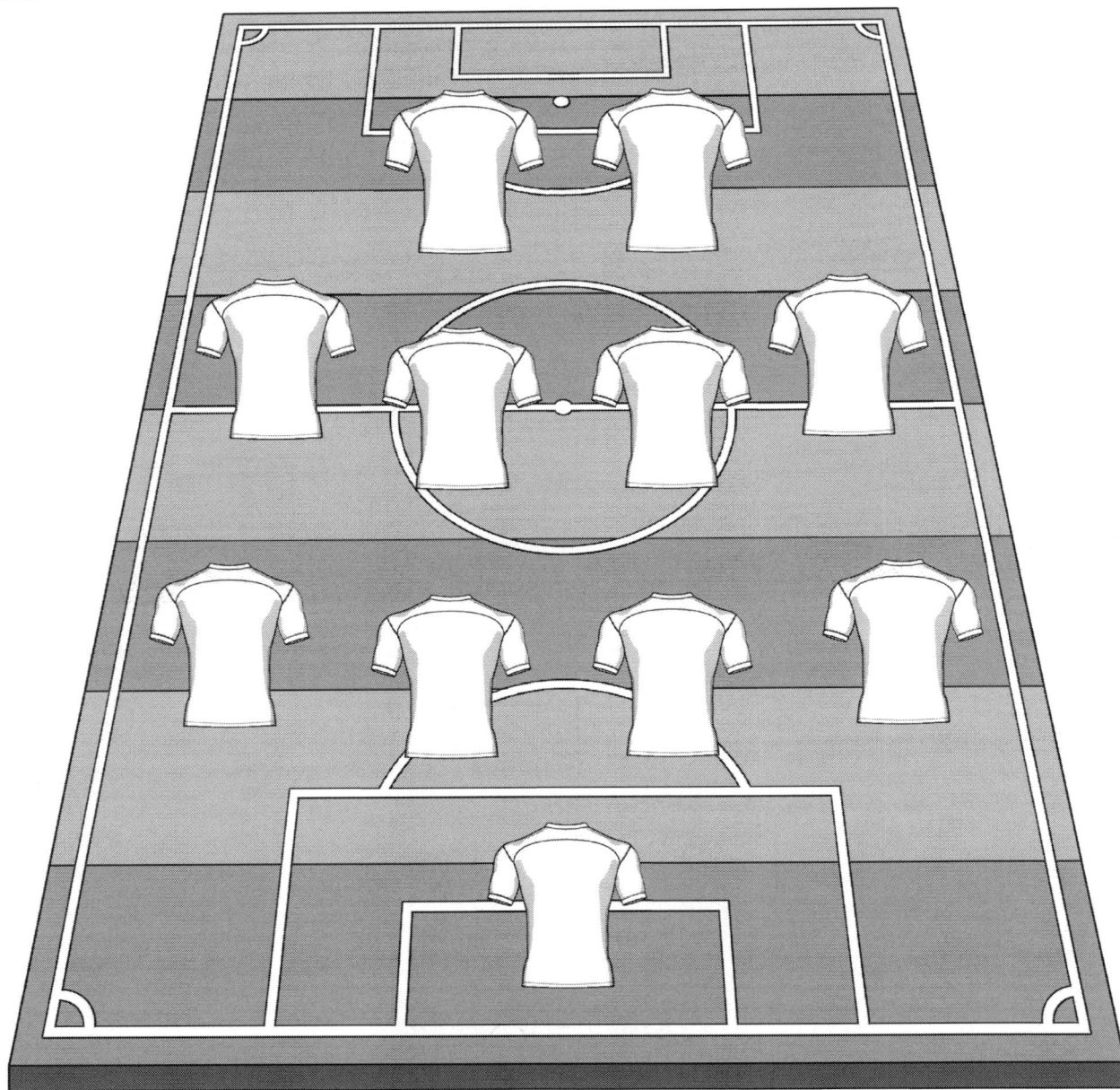

MANCHESTER UNITED

Q	U	E	R	J	Q	Č	P	N	Z	C	H	B	B	F	A	R	R	R	N
A	Z	Z	K	O	N	E	E	F	F	I	F	K	O	S	T	A	L	W	S
I	E	S	B	K	Q	M	J	R	Z	O	P	L	I	R	W	R	A	D	F
X	S	C	P	K	I	J	E	H	N	O	D	I	R	C	N	Q	Z	M	A
P	I	H	E	C	K	X	U	C	Y	Ý	K	N	R	K	I	A	W	Y	H
A	G	U	J	O	A	I	O	L	H	J	A	G	C	S	M	F	U	B	D
R	E	L	C	Z	W	I	H	K	R	A	M	E	E	I	P	R	Y	W	T
E	R	Z	I	Z	I	L	B	A	K	U	I	R	R	W	Y	E	S	O	X
D	A	E	N	A	M	M	A	P	V	I	Ń	F	I	S	C	H	E	R	G
E	Y	D	O	S	M	Æ	I	C	B	T	S	C	T	P	M	S	K	D	E
S	U	L	V	V	E	H	W	L	R	C	K	P	J	H	R	A	M	C	R
S	F	T	I	A	R	L	Z	N	L	O	I	J	L	P	O	R	J	H	H
R	N	O	C	N	V	E	C	L	P	A	I	G	V	J	G	R	V	E	A
E	C	M	P	B	Q	L	A	F	W	B	N	X	O	Q	E	L	R	X	R
L	C	Á	E	E	C	D	S	E	P	N	M	E	C	D	R	A	A	Y	D
P	Y	S	R	R	P	D	T	W	V	B	B	P	Z	R	I	N	N	E	T
J	F	B	V	G	S	K	E	I	H	R	B	X	W	D	O	G	C	L	X
M	E	A	A	N	E	O	E	N	A	R	N	O	L	D	J	E	K	F	X
D	D	N	N	R	K	O	L	D	D	A	H	J	V	A	Z	Y	X	S	G
A	J	S	Z	X	Y	M	S	P	G	Z	N	S	M	P	Q	Q	N	S	J

- ☐ #1 - CASTEELS
- ☐ #2 - FISCHER
- ☐ #3 - BORNAUW
- ☐ #4 - LACROIX
- ☐ #6 - VRANCKX
- ☐ #7 - ČERNÝ
- ☐ #8 - COZZA
- ☐ #9 - SARR
- ☐ #10 - NMECHA
- ☐ #11 - TOMÁS
- ☐ #12 - PERVAN
- ☐ #13 - ROGERIO
- ☐ #16 - KAMIŃSKI
- ☐ #18 - PEJCINOVIC
- ☐ #19 - MAJER
- ☐ #20 - BAKU
- ☐ #21 - MÆHLE
- ☐ #23 - WIND
- ☐ #25 - JENZ
- ☐ #26 - LLANEZ
- ☐ #27 - ARNOLD
- ☐ #30 - KLINGER
- ☐ #31 - GERHARDT
- ☐ #32 - SVANBERG
- ☐ #33 - ZESIGER
- ☐ #35 - SCHULZE
- ☐ #39 - WIMMER
- ☐ #40 - PAREDES
- ☐ #42 - LANGE

J _ _ _ _ _

_ _ _ _

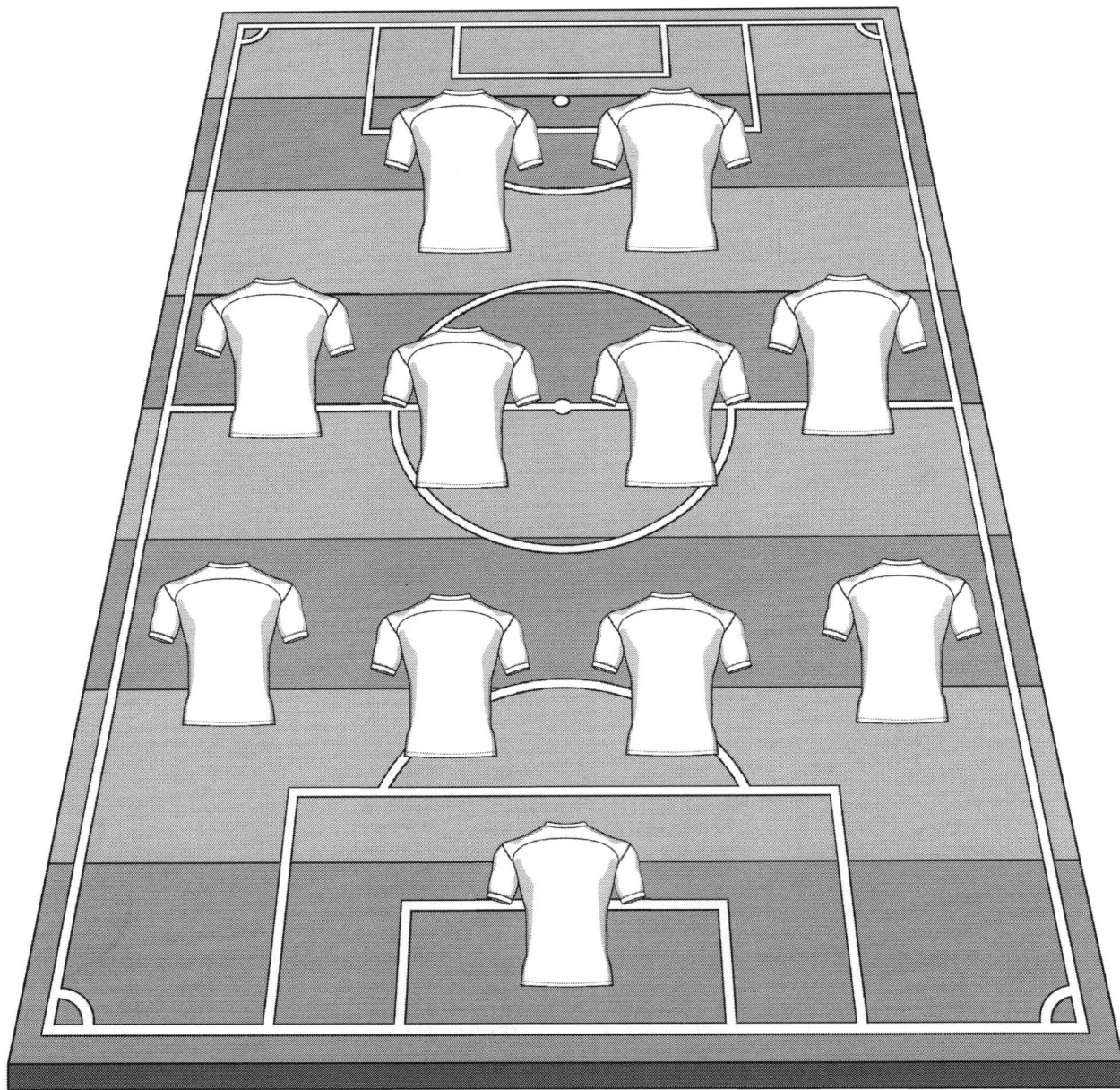

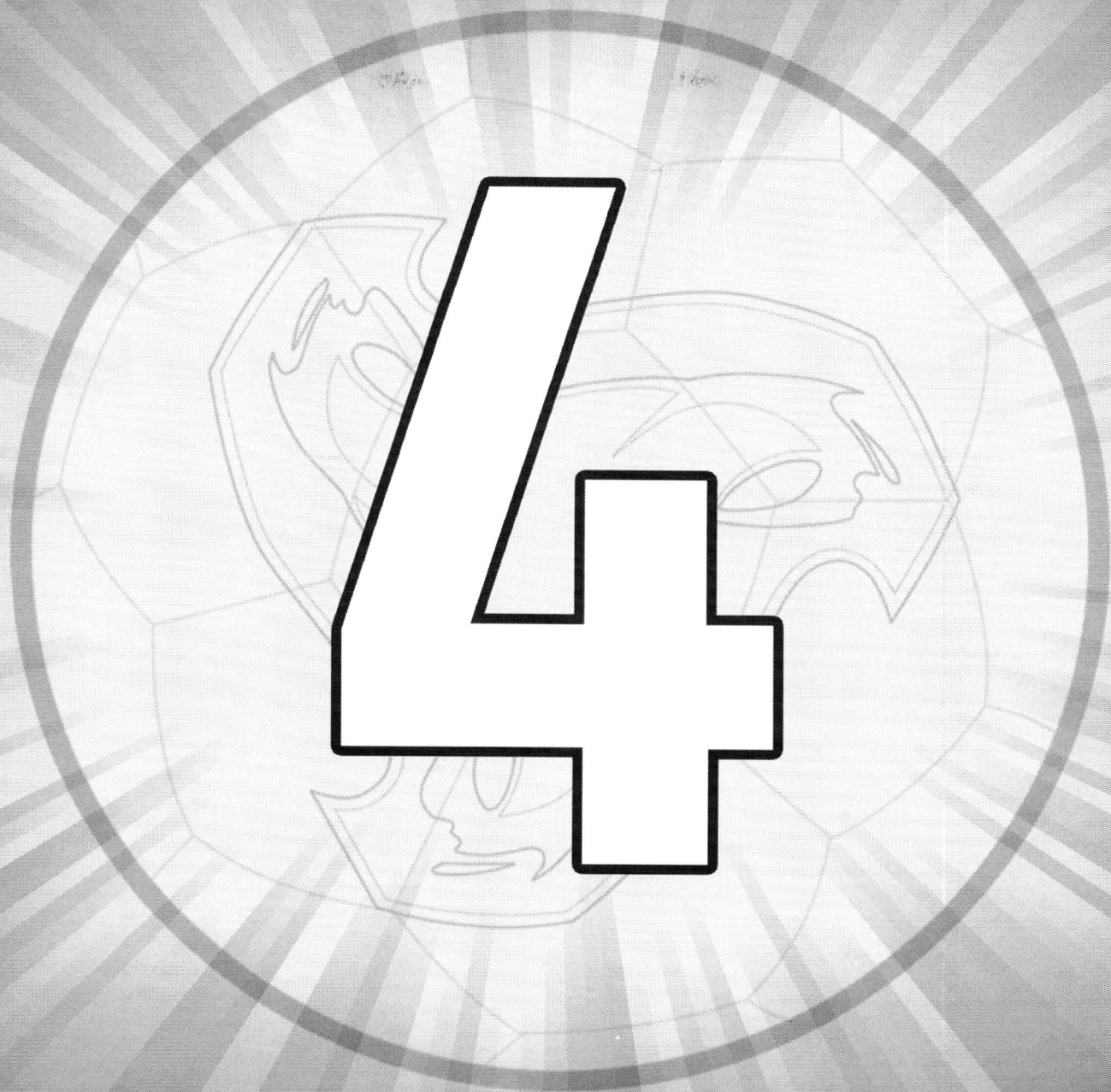

MANCHESTER UNITED

P	E	L	L	I	S	T	R	I	T	H	H	E	N	D	E	R	S	O	N
H	E	W	A	M	B	B	D	W	D	M	A	R	T	I	N	E	Z	H	B
E	A	A	V	L	V	M	G	N	G	F	G	Z	A	A	M	V	W	F	V
A	P	G	Y	I	H	C	A	A	E	L	K	P	K	R	A	A	B	C	T
T	C	E	T	N	J	T	R	W	N	R	S	R	E	W	L	N	I	F	J
O	A	F	G	D	C	O	N	J	M	T	I	T	D	X	A	D	S	R	U
N	S	E	R	E	G	M	A	D	Z	R	O	K	U	R	C	E	S	L	V
F	E	R	E	L	D	I	C	F	P	S	A	N	S	S	I	B	A	X	L
R	M	N	E	O	I	N	H	Q	I	V	H	S	Y	E	A	E	K	S	C
E	I	A	N	F	A	A	O	I	M	V	A	O	H	K	N	E	A	S	H
D	R	N	W	I	L	Y	W	A	A	M	N	R	R	F	D	K	X	H	M
O	O	D	O	H	L	N	X	P	F	K	Z	M	A	E	O	A	U	A	J
C	Y	E	O	A	O	N	C	O	E	M	M	E	M	N	T	R	L	W	Z
E	T	Z	D	S	U	Q	K	N	R	L	A	J	Q	E	E	I	D	O	B
V	M	O	U	N	T	H	M	A	N	X	R	B	H	Z	N	U	R	E	T
A	Y	M	A	I	N	O	O	N	A	Y	T	R	S	A	K	G	J	E	N
N	B	A	I	L	L	Y	A	A	N	X	I	I	T	H	Y	J	I	X	J
S	U	G	K	B	G	U	T	G	D	C	A	D	R	L	Q	D	M	R	U
P	W	I	L	L	I	A	M	S	E	Y	L	Z	M	A	G	U	I	R	E
C	U	B	B	P	G	R	W	W	S	C	M	G	S	A	N	C	H	O	E

- ☐ #2 - LINDELOF
- ☐ #3 - BAILLY
- ☐ #5 - MAGUIRE
- ☐ #6 - MARTINEZ
- ☐ #7 - MOUNT
- ☐ #8 - FERNANDES
- ☐ #9 - MARTIAL
- ☐ #10 - RASHFORD
- ☐ #11 - GREENWOOD
- ☐ #12 - MALACIA
- ☐ #14 - ERIKSEN
- ☐ #16 - DIALLO

- ☐ #17 - FRED
- ☐ #18 - CASEMIRO
- ☐ #19 - VARANE
- ☐ #20 - DALOT
- ☐ #21 - ANTONY
- ☐ #22 - HEATON
- ☐ #23 - SHAW
- ☐ #24 - ONANA
- ☐ #25 - SANCHO
- ☐ #26 - HENDERSON
- ☐ #27 - EVANS
- ☐ #28 - PELLISTRI

- ☐ #29 - BISSAKA
- ☐ #33 - WILLIAMS
- ☐ #34 - VANDEBEEK
- ☐ #39 - MCTOMINAY
- ☐ #42 - FERNANDEZ
- ☐ #43 - MENGI
- ☐ #46 - MEJBRI
- ☐ #47 - SHORETIRE
- ☐ #49 - GARNACHO
- ☐ #73 - MAINOO

B _ _ _ _

_ _ _ _ _ _ _ _ _

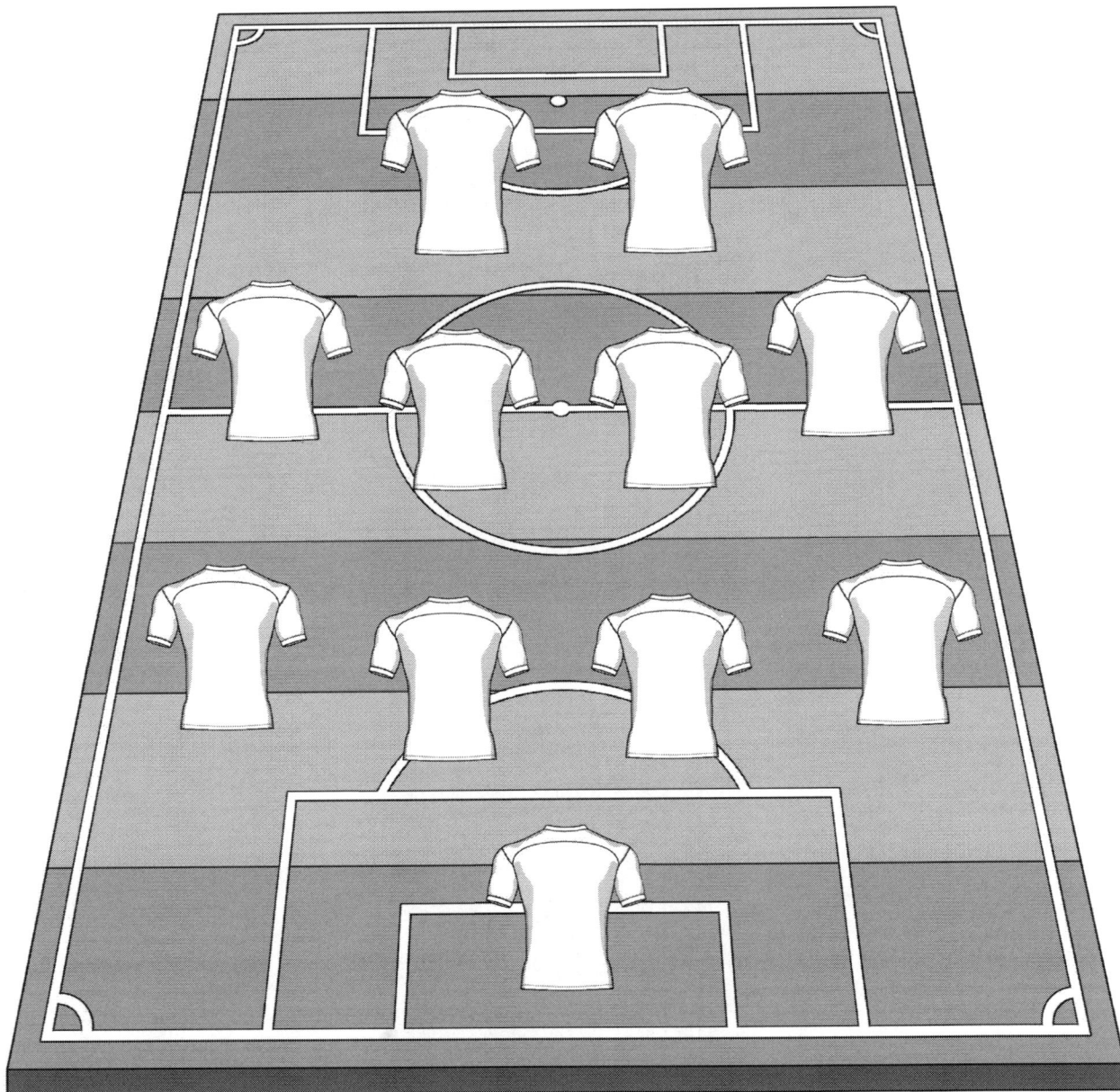

MANCHESTER UNITED

P	E	L	L	I	S	T	R	I	T	H	H	E	N	D	E	R	S	O	N
H	E	W	A	M	B	B	D	W	D	M	A	R	T	I	N	E	Z	H	B
E	A	A	V	L	V	M	G	N	G	F	G	Z	A	A	M	V	W	F	V
A	P	G	Y	I	H	C	A	A	E	L	K	P	K	R	A	A	B	C	T
T	C	E	T	N	J	T	R	W	N	R	S	R	E	W	L	N	I	F	J
O	A	F	G	D	C	O	N	J	M	T	I	T	D	X	A	D	S	R	U
N	S	E	R	E	G	M	A	D	Z	R	O	K	U	R	C	E	S	L	V
F	E	R	E	L	D	I	C	F	P	S	A	N	S	S	I	B	A	X	L
R	M	N	E	O	I	N	H	Q	I	V	H	S	Y	E	A	E	K	S	C
E	I	A	N	F	A	A	O	I	M	V	A	O	H	K	N	E	A	S	H
D	R	N	W	I	L	Y	W	A	A	M	N	R	R	F	D	K	X	H	M
O	O	D	O	H	L	N	X	P	F	K	Z	M	A	E	O	A	U	A	J
C	Y	E	O	A	O	N	C	O	E	M	M	E	M	N	T	R	L	W	Z
E	T	Z	D	S	U	Q	K	N	R	L	A	J	Q	E	E	I	D	O	B
V	M	O	U	N	T	H	M	A	N	X	R	B	H	Z	N	U	R	E	T
A	Y	M	A	I	N	O	O	N	A	Y	T	R	S	A	K	G	J	E	N
N	B	A	I	L	L	Y	A	A	N	X	I	I	T	H	Y	J	I	X	J
S	U	G	K	B	G	U	T	G	D	C	A	D	R	L	Q	D	M	R	U
P	W	I	L	L	I	A	M	S	E	Y	L	Z	M	A	G	U	I	R	E
C	U	B	B	P	G	R	W	W	S	C	M	G	S	A	N	C	H	O	E

- [ ] #2 - LINDELOF
- [ ] #3 - BAILLY
- [ ] #5 - MAGUIRE
- [ ] #6 - MARTINEZ
- [ ] #7 - MOUNT
- [ ] #8 - FERNANDES
- [ ] #9 - MARTIAL
- [ ] #10 - RASHFORD
- [ ] #11 - GREENWOOD
- [ ] #12 - MALACIA
- [ ] #14 - ERIKSEN
- [ ] #16 - DIALLO
- [ ] #17 - FRED
- [ ] #18 - CASEMIRO
- [ ] #19 - VARANE
- [ ] #20 - DALOT
- [ ] #21 - ANTONY
- [ ] #22 - HEATON
- [ ] #23 - SHAW
- [ ] #24 - ONANA
- [ ] #25 - SANCHO
- [ ] #26 - HENDERSON
- [ ] #27 - EVANS
- [ ] #28 - PELLISTRI
- [ ] #29 - BISSAKA
- [ ] #33 - WILLIAMS
- [ ] #34 - VANDEBEEK
- [ ] #39 - MCTOMINAY
- [ ] #42 - FERNANDEZ
- [ ] #43 - MENGI
- [ ] #46 - MEJBRI
- [ ] #47 - SHORETIRE
- [ ] #49 - GARNACHO
- [ ] #73 - MAINOO

MANCHESTER CITY
18 94

E _ _ _ _ _ _

_ _ _ _ _ _ _ _

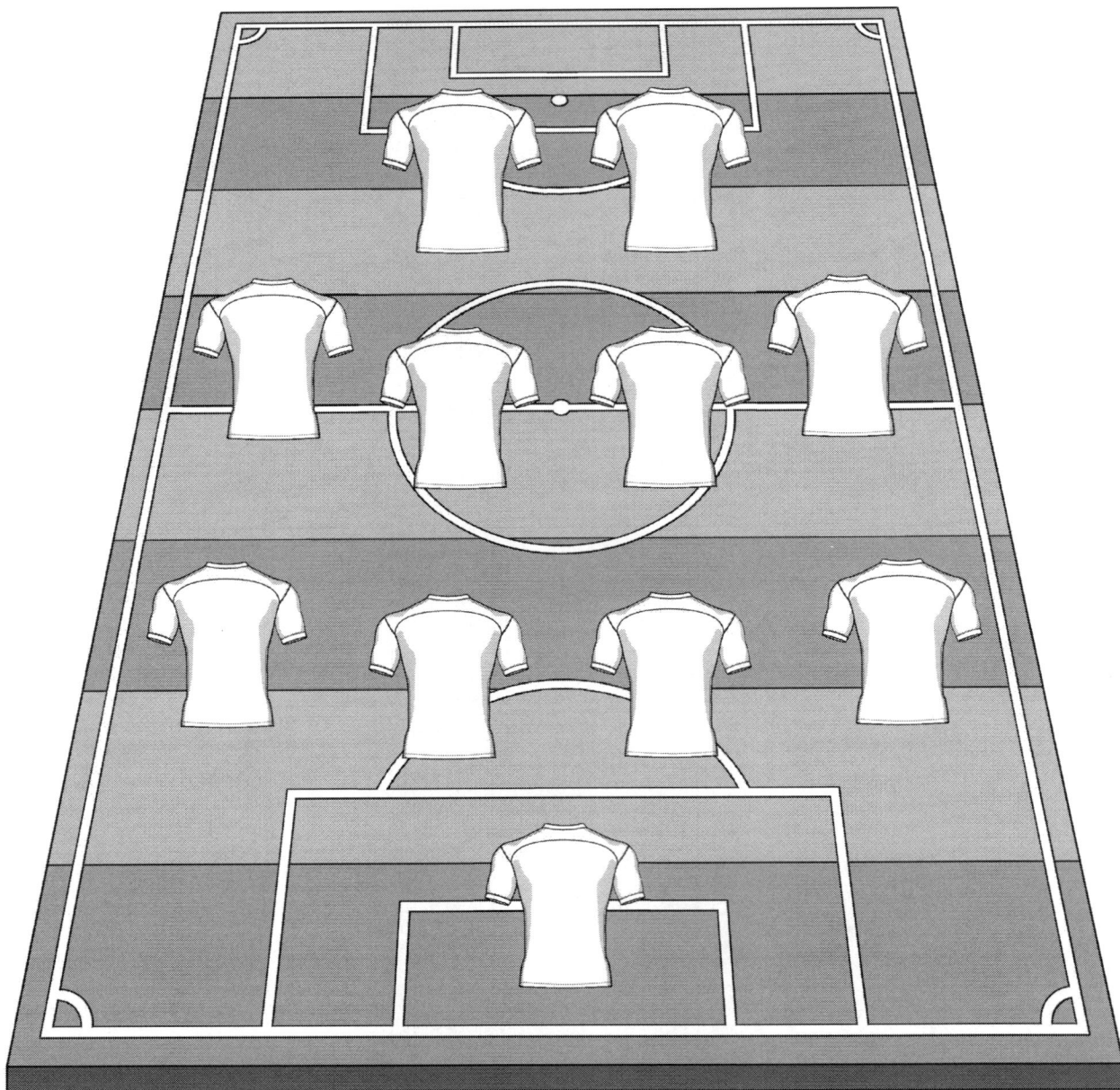

ARSENAL

U	T	S	N	V	W	M	R	D	I	F	S	N	E	L	S	O	N	G	V
P	R	A	X	S	L	A	K	T	A	V	A	R	E	S	E	S	G	T	A
S	O	L	P	M	M	G	H	O	G	Q	K	D	K	N	Z	G	F	O	S
C	S	I	E	I	O	A	P	U	B	R	A	M	S	D	A	L	E	M	W
U	S	B	P	T	K	L	R	J	N	R	T	I	E	R	N	E	Y	I	T
W	A	A	E	H	O	H	Q	Q	R	K	I	W	I	O	R	R	I	Y	U
V	R	G	W		N	A	N	T	U	I	V	I	E	I	R	A	Z	A	R
M	D	W	U	R	K	E	R	R	N	I	C	H	K	O	X	R	L	S	N
A	D	E	C	O	W	S	Z	N	A	K	N	E	T	A	C	J	N	U	E
R	J	J	I	W	O	S	I	V	R	H	E	H	Q	W	Y	H	U	X	R
T	J	E	N	E	A	G	W	B	S	O	H	T	O	I	X	H	E	K	X
I	O	S	M	Q	I	X	H	A	S	L	S	B	I	S	N	A	R	I	O
N	R	U	O	R	U	B	I	L	O	D	F	E	T	A	D	V	C	F	N
E	G	S	L	D	P	N	T	O	N	I	B	L	I	V	H	E	E	R	O
L	I	P	P	O	E	C	E	G	T	N	X	N	C	Y	U	R	D	Q	Q
L	N	A	J	C	K	G	Q	U	S	G	E	E	M	Q	Q	T	R	V	E
I	H	R	C	E	D	O	A	N	S	S	T	N	X	A	S	Z	I	V	V
B	O	T	C	V	C	S	N	A	U	Z	E	Y	K	S	U	A	C	E	S
C	D	E	K	A	C	X	L	G	R	N	Q	T	I	M	B	E	R	P	J
L	J	Y	B	E	F	X	C	V	A	D	Z	I	N	C	H	E	N	K	O

- ☐ #1 - RAMSDALE
- ☐ #2 - SALIBA
- ☐ #3 - TIERNEY
- ☐ #4 - WHITE
- ☐ #5 - PARTEY
- ☐ #6 - MAGALHAES
- ☐ #7 - SAKA
- ☐ #8 - ODEGAARD
- ☐ #9 - JESUS
- ☐ #10 - SMITH ROWE
- ☐ #11 - MARTINELLI
- ☐ #12 - TIMBER
- ☐ #13 - RUNARSSON
- ☐ #14 - NKETIAH
- ☐ #15 - KIWIOR
- ☐ #16 - HOLDING
- ☐ #17 - CEDRIC
- ☐ #18 - TOMIYASU
- ☐ #19 - TROSSARD
- ☐ #19 - PEPE
- ☐ #20 - JORGINHO
- ☐ #20 - TAVARES
- ☐ #21 - VIEIRA
- ☐ #23 - LOKONGA
- ☐ #24 - NELSON
- ☐ #25 - ELNENY
- ☐ #26 - BALOGUN
- ☐ #27 - MARQUINHOS
- ☐ #29 - HAVERTZ
- ☐ #30 - TURNER
- ☐ #31 - HEIN
- ☐ #33 - OKONKWO
- ☐ #35 - ZINCHENKO
- ☐ #41 - RICE

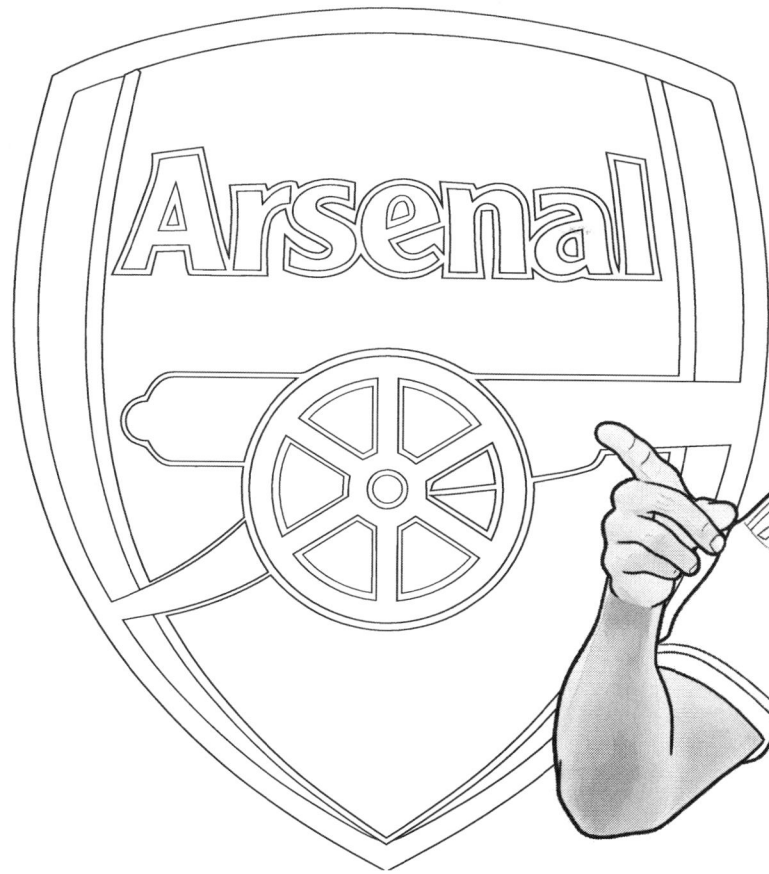

B _ _ _ _ _

_ _ _ _ _

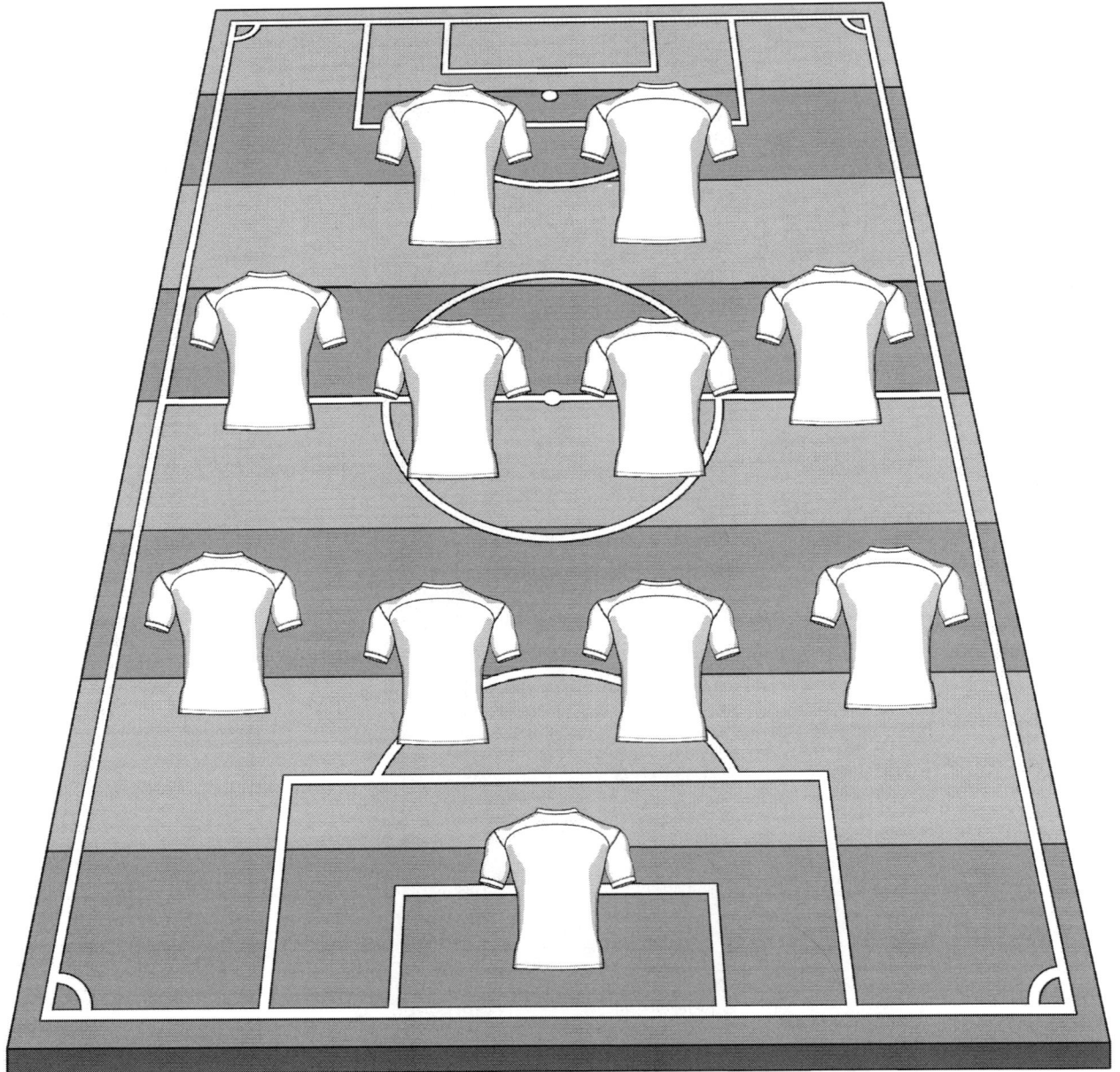

TOTTENHAM

M	V	A	N		D	E		V	E	N	B	C	D	V	O	V	R	C	Y
A	O	F	F	J	G	I	L	O	Q	E	F	U	O	Z	R	E	P	Z	U
K	B	I	A	Z	E	J	O	H	N	S	O	N	N	V	A	K	A	B	I
J	C	T	M	A	D	D	I	S	O	N	S	M	L	S	J	U	A	N	T
X	Q	V	D	F	A	J	V	U	D	A	V	I	E	S	W	L	H	L	D
A	D	U	I	I	C	Y	W	T	F	E	H	F	Y	H	C	U	L	C	N
Z	V	P	E	M	B	A	U	S	T	I	N	M	F	O	R	S	T	E	R
R	L	N	R	V	Z	U	Z	S	O	L	O	M	O	N	F	E	O	D	U
I	B	R	W	S	E	S	S	E	G	N	O	N	G	B	P	V	V	N	Y
C	E	E	O	Q	K	E	U	N	S	I	Q	Y	X	H	Y	S	I	T	H
H	N	L	L	M	P	X	M	W	R	Y	R	J	V	Ø	W	K	C	H	Z
A	T	O	C	L	E	E	U	A	B	N	I	B	A	J	H	I	A	V	D
R	A		J	I	O	R	R	B	K	K	S	O	T	B	I	C	R	W	X
L	N	C	B	W	F	R	O	I	I	X	G	H	Z	J	T	P	I	C	Y
I	C	E	P	I	J	L	I	Y	S	S	C	A	N	E	E	R	O	U	I
S	U	L	X	X	C	P	Y	S	A	I	S	O	B	R	M	M	Z	K	S
O	R	S	X	S	A	R	R	G	Y	L	C	O	K	G	A	X	F	O	K
N	C	O	U	G	I	U	D	O	G	I	E	L	U	Y	N	W	O	A	I
V	E	L	I	Z	P	O	R	R	O	Z	Z	I	R	M	A	C	I	O	P
A	E	T	P	H	I	L	L	I	P	S	P	Z	R	F	A	N	Q	R	P

☐ #1 - LLORIS
☐ #4 - SKIPP
☐ #5 - HØJBJERG
☐ #7 - SON
☐ #8 - BISSOUMA
☐ #9 - RICHARLISON
☐ #10 - MADDISON
☐ #11 - GIL
☐ #12 - ROYAL
☐ #13 - VICARIO
☐ #14 - PERISIC

☐ #15 - DIER
☐ #17 - ROMERO
☐ #18 - LO CELSO
☐ #19 - SESSEGNON
☐ #20 - FORSTER
☐ #21 - KULUSEVSKI
☐ #22 - JOHNSON
☐ #23 - PORRO
☐ #27 - SOLOMON
☐ #29 - SARR
☐ #30 - BENTANCUR

☐ #33 - DAVIES
☐ #35 - PHILLIPS
☐ #36 - VELIZ
☐ #37 - VAN DE VEN
☐ #38 - UDOGIE
☐ #40 - AUSTIN
☐ #41 - WHITEMAN
☐ #63 - DONLEY

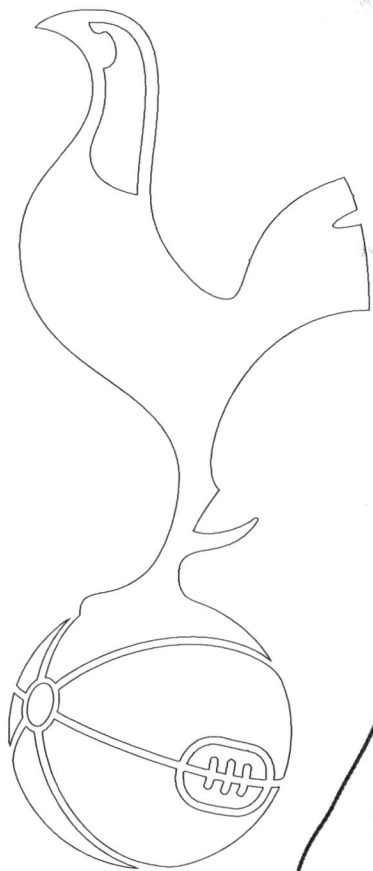

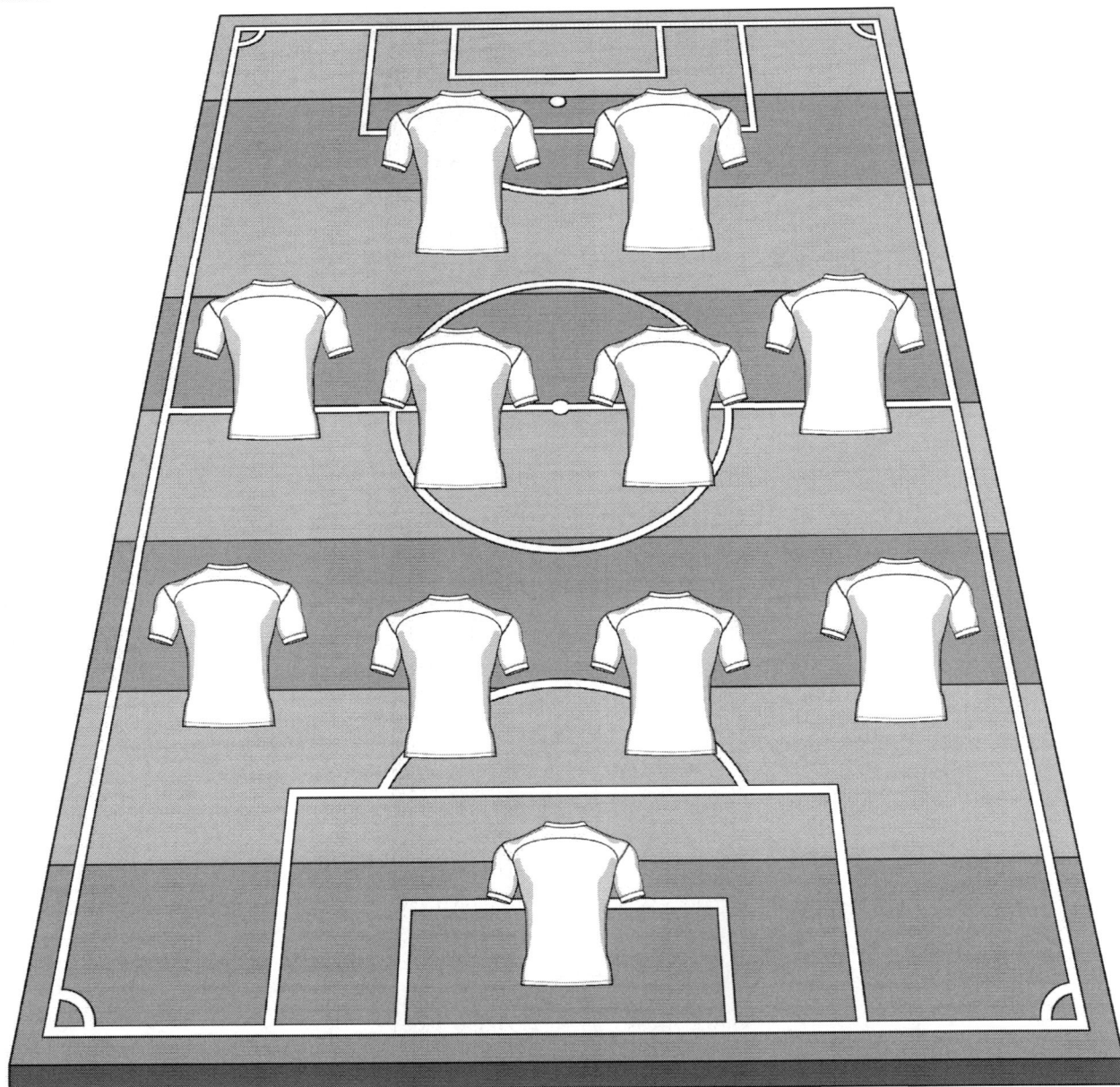

MY ELEVEN

8

CHELSEA

S	E	A	R	R	I	Z	A	B	A	L	A	G	A	R	G	Y	L	T	G
M	T	O	P	U	N	J	A	B	A	D	I	A	S	H	I	L	E	V	U
U	X	E	O	I	S	H	O	L	L	B	F	H	U	S	H	I	G	I	S
D	M	R	R	F	K	H	U	X	H	U	E	Z	P	O	B	I	S	M	T
R	Q	G	A	L	L	A	G	H	E	R	R	H	H	P	F	R	Z	R	O
Y	C	B	J	Q	I	A	M	C	W	S	N	B	W	C	M	O	O	R	C
K	H	F	O	F	A	N	A	M	F	T	A	E	D	U	A	C	H	J	Y
T	I	A	Z	H	B	S	G	I	D	O	N	R	T	C	D	G	T	Y	A
R	L	N	K	C	E	A	R	D	H	W	D	G	Q	U	U	H	K	I	O
K	W	V	B	O	T	N	S	J	A	M	E	S	C	R	E	A	A	K	L
X	E	S	E	L	T	C	L	V	N	J	Z	T	H	E	K	N	Z	L	I
W	L	A	A	L	I	H	E	Z	K	T	G	R	U	L	E	W	T	U	L
S	L	N	C	W	N	E	D	E	J	J	D	O	K	L	Z	Z	C	G	M
D	F	T	H	I	E	Z	N	O	T	A	U	M	W	A	S	N	H	O	A
Y	I	O	I	L	L	Z	K	W	X	C	F	I	U	K	F	P	A	C	A
S	E	S	N	L	L	C	U	V	Y	K	H	G	E	R	C	R	L	H	T
Q	I	C	A	O	I	V	N	A	H	S	Y	L	M	Q	Y	Q	O	U	S
T	G	L	U	S	X	W	K	Z	N	O	V	A	E	O	J	M	B	K	E
O	A	W	V	B	I	E	U	B	X	N	I	B	K	R	A	X	A	W	N
W	T	D	W	A	Q	H	W	U	H	Y	L	G	A	H	X	B	H	U	H

- ☐ #1 - ARRIZABALAGA
- ☐ #2 - DISASI
- ☐ #3 - CUCURELLA
- ☐ #5 - BADIASHILE
- ☐ #6 - SILVA
- ☐ #7 - STERLING
- ☐ #8 - FERNANDEZ
- ☐ #10 - MUDRYK
- ☐ #11 - MADUEKE
- ☐ #13 - BETTINELLI
- ☐ #14 - CHALOBAH
- ☐ #15 - JACKSON
- ☐ #16 - UGOCHUKWU
- ☐ #17 - CHUKWUEMEKA
- ☐ #18 - NKUNKU
- ☐ #19 - BROJA
- ☐ #20 - SANTOS
- ☐ #21 - CHILWELL
- ☐ #23 - GALLAGHER
- ☐ #24 - JAMES
- ☐ #26 - COLLWILL
- ☐ #27 - GUSTO
- ☐ #29 - MAATSEN
- ☐ #31 - SANCHEZ
- ☐ #33 - FOFANA
- ☐ #37 - BURSTOW
- ☐ #47 - BERGSTROM
- ☐ #50 - BEACH
- ☐ #67 - HALL

CHELSEA FOOTBALL CLUB

INFINITE ATHLETE

E _ _ _ _

_ _ _ _ _ _ _ _ _ _

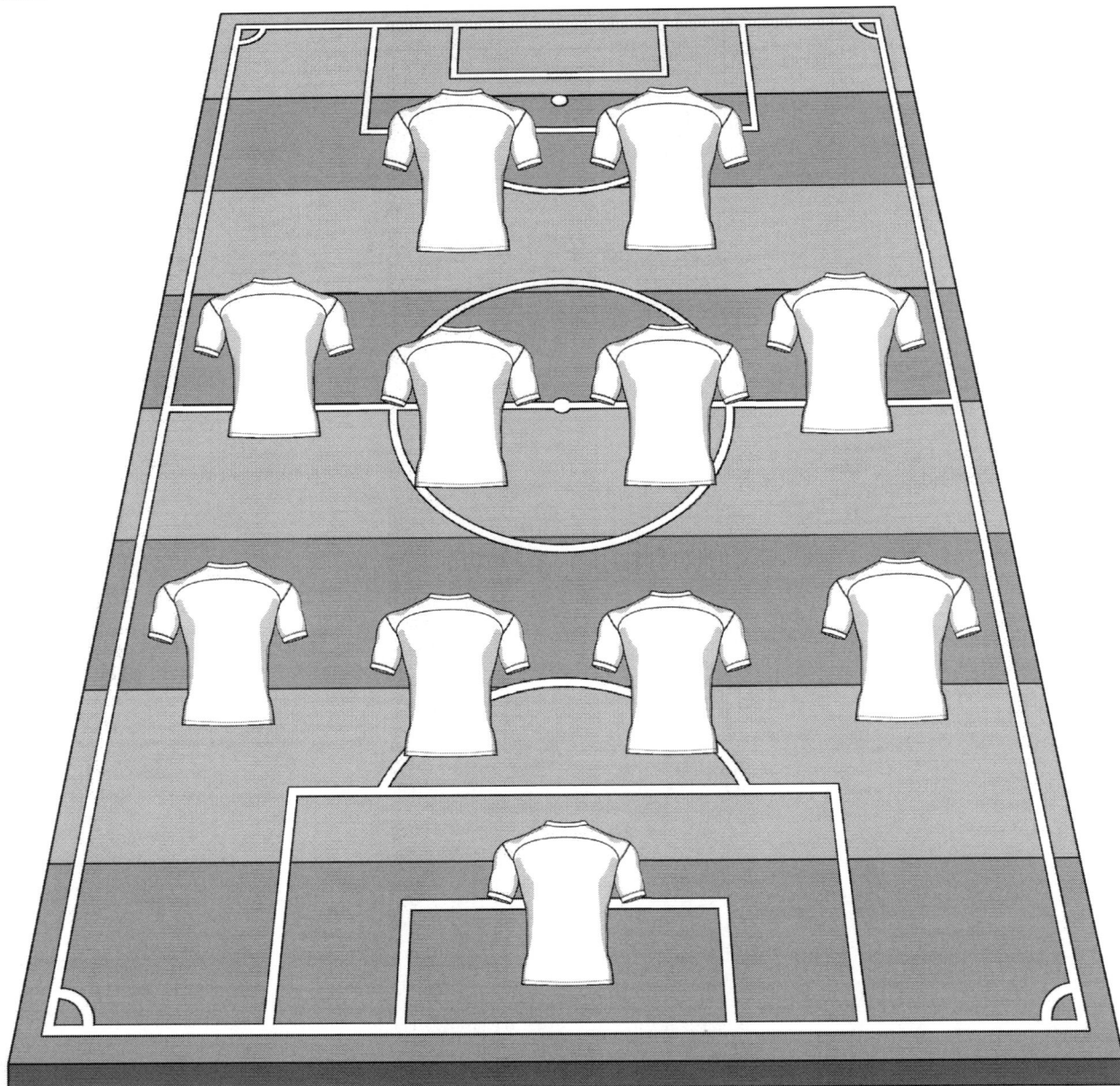

MY ELEVEN

LIVERPOOL

J	K	J	J	U	H	W	K	L	P	R	O	B	E	R	T	S	O	N	Y
C	L	A	R	K	Q	E	W	E	C	A	G	F	J	A	R	H	W	B	A
M	Q	P	W	N	P	L	J	Q	L	Z	J	P	Q	D	G	U	K	P	L
Y	E	I	I	E	Q	L	J	Z	Z	L	Y	O	T	R	C	N	F	T	I
C	J	T	L	J	F	I	N	H	C	A	E	W	U	I	G	W	U	K	S
R	W	A	L	B	A	O	H	Ú	K	C	L	H	R	A	L	O	H	A	S
F	B	L	I	Y	K	T	X	C	Ñ	N	C	C	E	N	T	N	M	W	O
L	M	U	A	G	O	T	G	F	H	E	T	B	A	R	N	I	S	E	N
E	A	G	M	H	N	K	F	V	S	D	Z	S	X	N	Y	G	J	A	Z
V	C	A	S	T	A	M	S	G	A	K	P	O	I	B	T	E	H	H	J
P	A	A	J	J	T	R	Z	S	D	N	H	O	G	M	Q	A	V	U	A
H	L	I	B	O	É	O	O	A	J	A		T	C	T	I	V	R	V	F
I	L	M	A	N	T	E	B	L	O	V	R	D	J	M	B	K	R	A	T
L	I	O	J	E	E	B	O	A	Z	T	J	N	I	D	H	I	A	M	E
L	S	R	C	S	D	R	S	H	M	N	C	O	O	J	E	F	A	S	L
I	T	T	E	M	L	A	Z	D	I	A	Z	J	T	L	K	I	I	L	B
P	E	O	T	A	P	V	L	U	V	T	U	D	N	A	D	O	W	Q	S
S	R	N	I	T	B	P	A	L	B	K	P	O	O	S	E	T	G	C	K
Q	J	B	C	I	P	Q	I	J	W	T	N	A	S	N	M	O	R	L	I
E	X	Q	L	P	L	E	L	Z	J	Q	T	K	T	Q	H	H	J	S	J

- ☐ #1 - ALISSON
- ☐ #2 - GOMEZ
- ☐ #4 - VAN DIJK
- ☐ #5 - KONATÉ
- ☐ #6 - ALCANTARA
- ☐ #7 - DIAZ
- ☐ #8 - SZOBOSZLAI
- ☐ #9 - NÚÑEZ
- ☐ #10 - MACALLISTER
- ☐ #11 - SALAH

- ☐ #13 - ADRIAN
- ☐ #17 - JONES
- ☐ #18 - GAKPO
- ☐ #19 - ELLIOTT
- ☐ #20 - JOTA
- ☐ #21 - TSIMIKAS
- ☐ #26 - ROBERTSON
- ☐ #32 - MATIP
- ☐ #42 - CLARK
- ☐ #43 - BAJCETIC

- ☐ #45 - PITALUGA
- ☐ #46 - WILLIAMS
- ☐ #47 - PHILLIPS
- ☐ #50 - DOAK
- ☐ #62 - KELLEHER
- ☐ #66 - ARNOLD
- ☐ #80 - MORTON

L.F.C.

M _ _ _ _ _ _ _

_ _ _ _ _

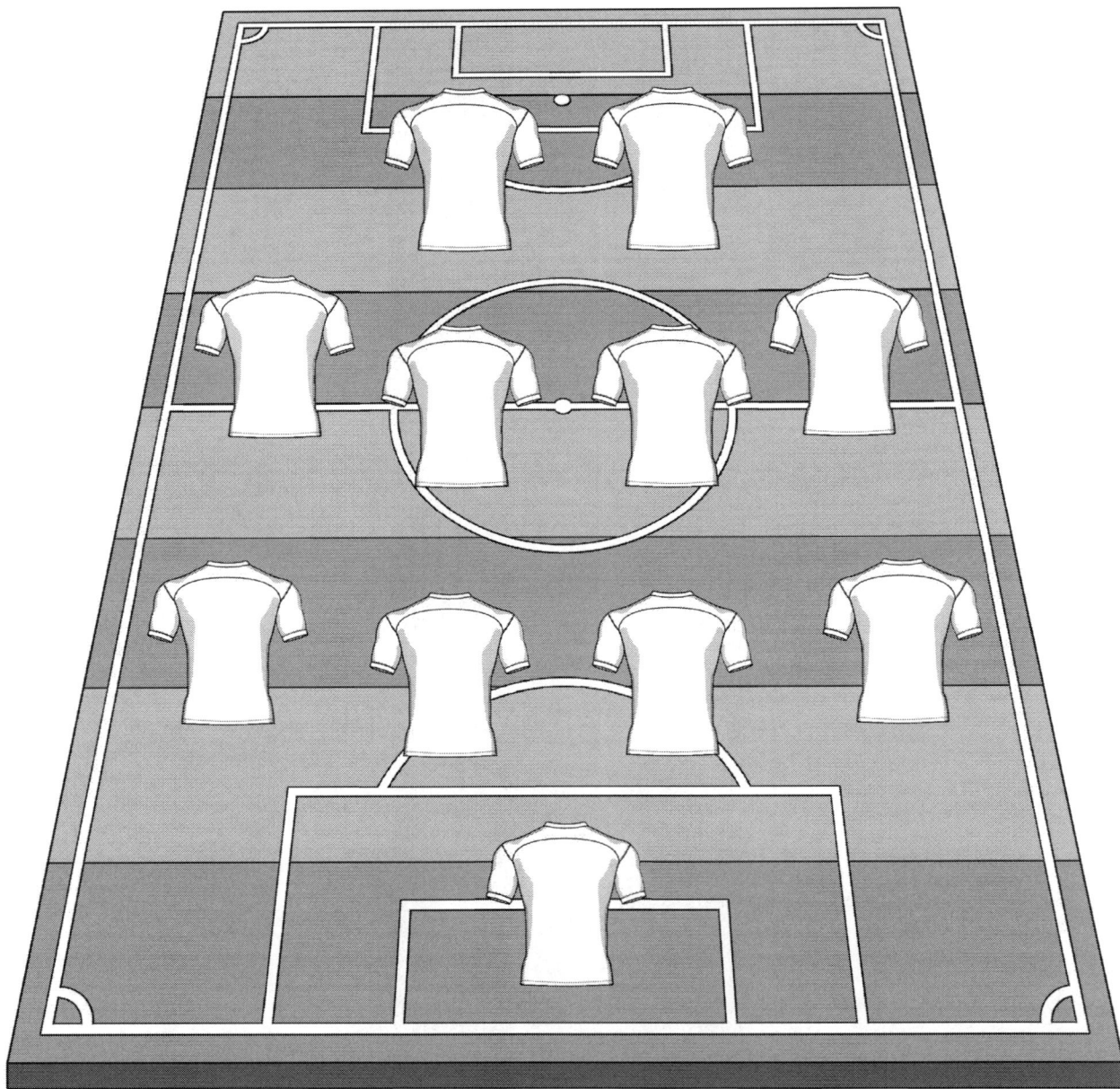

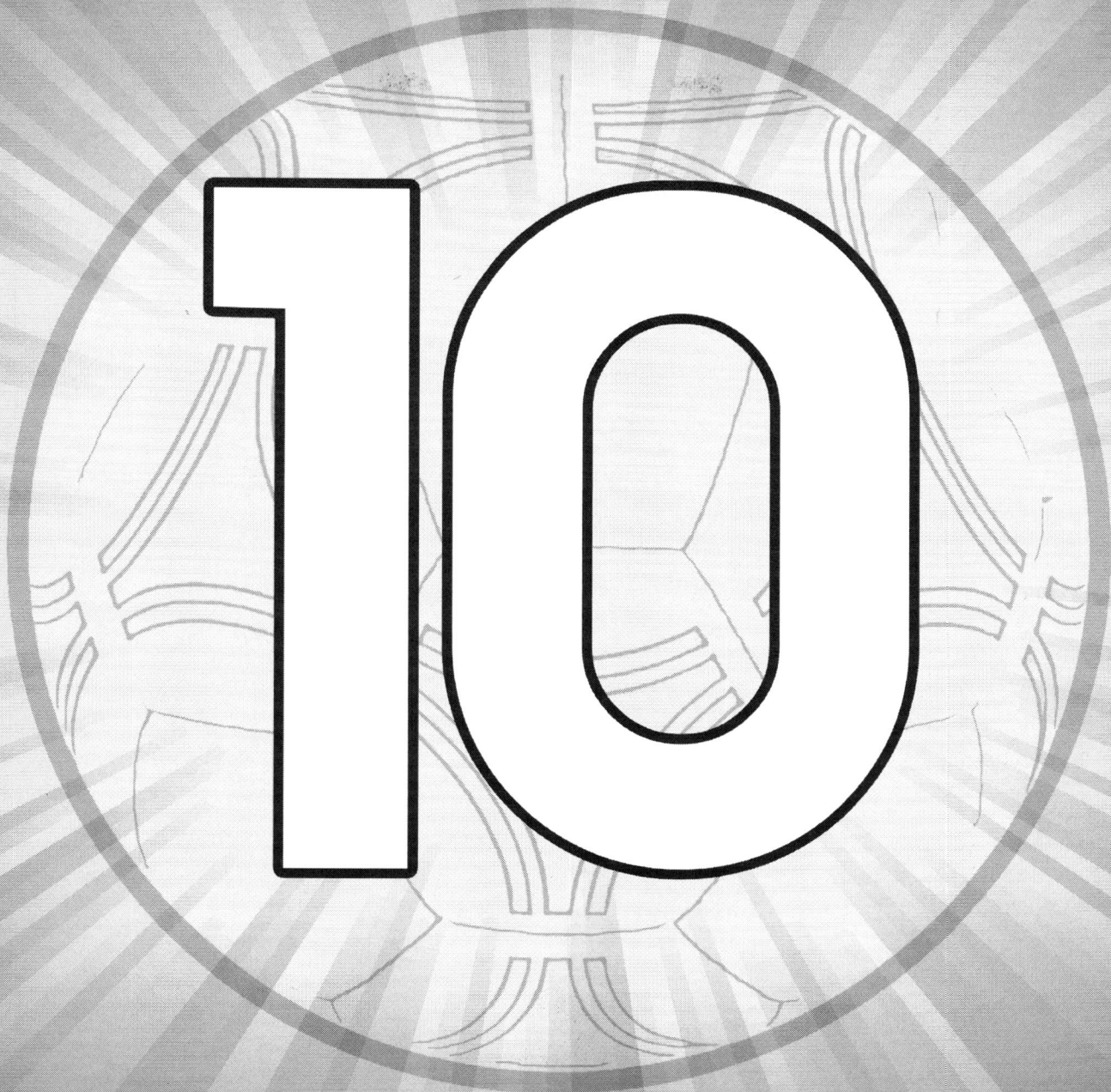

ASTON VILLA

W	D	L	R	I	C	H	A	R	D	S	M	I	T	H	C	D	T	R	D
A	H	C	A	R	L	O	S	K	Z	A	N	I	O	L	O	E	I	W	K
T	M	A	E	K	L	P	L	B	A	I	L	E	Y	C	B	N	E	J	K
K	A	J	U	E	X	E	C	S	P	F	L	U	I	Z	A	D	L	R	O
I	R	C	M	S	D	Z	N	H	E	L	R	Q	U	Y	R	O	E	E	N
N	S	O	O	L	E	O	I	G	A	N	L	O	O	Z	R	N	M	V	S
S	C	U	S	E	C	P	B	M	L	M	C	P	O	R	Y	C	A	A	A
R	H	T	W	R	K	H	B	U	U	E	B	O	T	P	R	K	N	N	Q
A	A	I	I	-	J	E	R	U	R	J	T	E	O	Z	O	E	S	W	A
M	L	N	N	H	F	K	L	I	E	C	T	R	R	C	W	R	H	A	J
S	L	H	K	A	I	E	N	L	S	N	H	M	R	S	E	E	C	P	B
E	K	O	E	Y	V	R	E	P	Y	E	D	A	C	P	M	A	Z	A	Z
Y	B	Y	L	D	D	M	O	N	X	M	N	Í	L	G	G	H	A	N	S
M	T	O	S	E	S	I	A	E	E	P	A	E	A	L	I	G	V	B	I
O	O	U	G	N	T	K	A	R	G	Y	G	N	K	K	P	N	R	M	N
R	R	N	I	A	B	R	A	B	T	B	D	I	G	N	E	V	N	I	I
E	R	G	X	W	R	I	A	M	Y	Í	U	L	S	C	C	X	N	N	S
N	E	R	Z	R	E	D	U	O	A	T	N	N	T	B	A	C	P	G	A
O	S	D	U	R	Á	N	E	T	R	R	K	E	A	G	S	Y	N	S	L
B	F	I	G	S	A	N	S	O	N	É	A	G	Z	M	H	U	N	X	O

- #1 - MARTÍNEZ
- #25 - OLSEN
- #42 - MARSCHALL
- #2 - CASH
- #3 - CARLOS
- #4 - KONSA
- #5 - MINGS
- #12 - DIGNE
- #14 - TORRES
- #15 - MORENO
- #16 - CHAMBERS
- #17 - LENGLET
- #30 - HAUSE
- #45 - CHRISENE
- #50 - SWINKELS

- #59 - FEENEY
- #63 - SMITH
- #6 - LUIZ
- #7 - MCGINN
- #8 - TIELEMANS
- #10 - BUENDÍA
- #22 - ZANIOLO
- #32 - DENDONCKER
- #41 - RAMSEY
- #44 - KAMARA
- #46 - RICHARDS
- #47 - IROEGBUNAM
- #51 - ROWE
- #9 - TRAORÉ
- #11 - WATKINS

- #19 - DIABY
- #24 - DURÁN
- #31 - BAILEY
- #57 - BURCHALL
- #71 - KELLYMAN
- #72 - YOUNG
- #20 - SANSON
- #23 - COUTINHO
- #29 - KESLER-HAYDEN
- #35 - BARRY
- #37 - AZAZ
- #38 - SINISALO
- #52 - BOGARDE
- #56 - REVAN

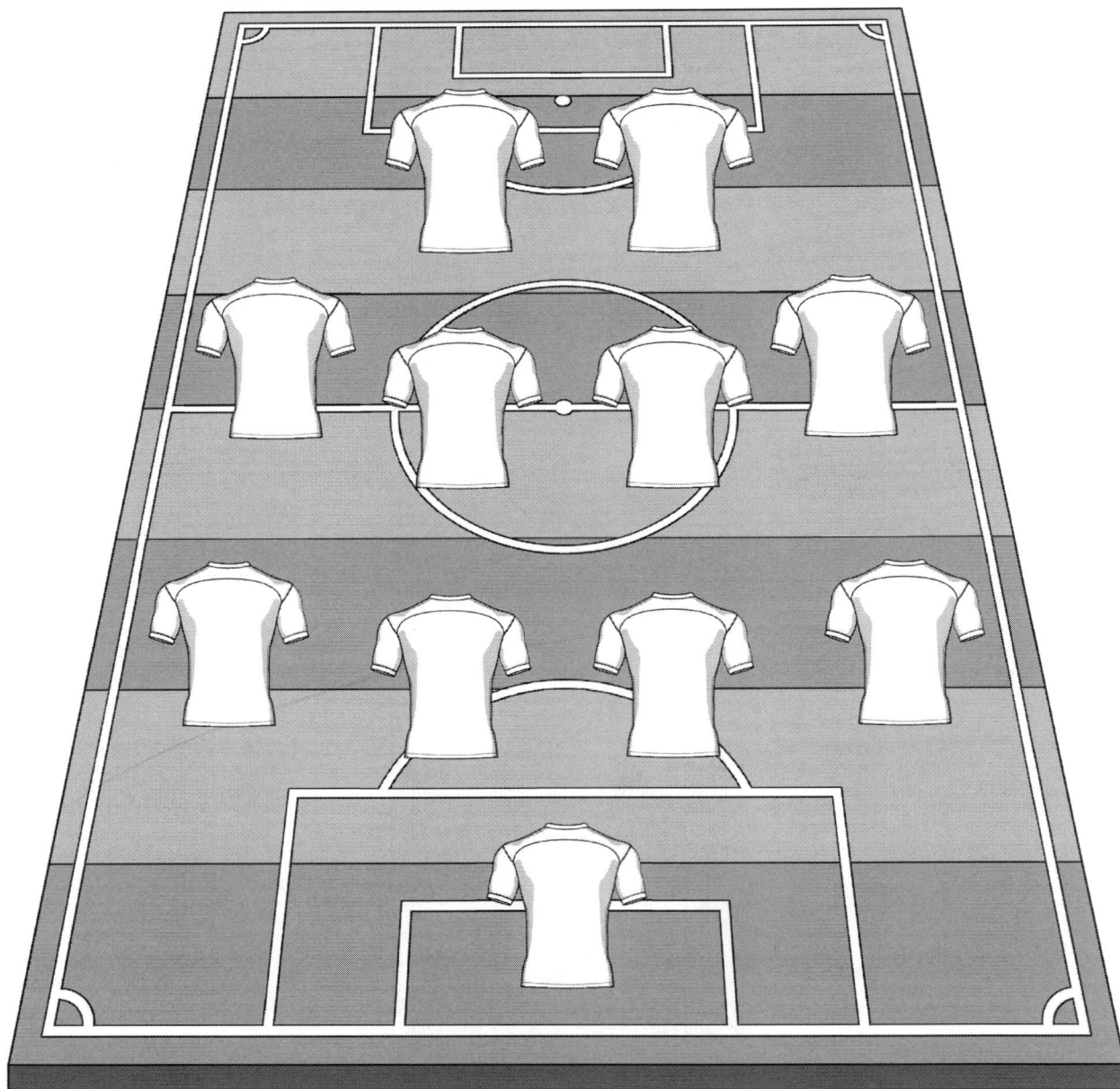

MY ELEVEN

EVERTON

L	O	N	E	R	G	A	N	A	J	I	X	I	B	A	E	D	X	G	R
N	G	C	K	T	N	L	E	S	Z	I	B	K	E	A	N	E	A	O	A
A	Q	Q	Y	S	F	V	S	J	J	U	Q	E	T	Q	Y	B	I	I	R
J	L	C	P	O	C	F	A	J	T	Z	Q	L	T	B	A	O	I	J	I
K	K	L	F	L	T	A	R	K	O	W	S	K	I	O	R	L	U	Y	E
X	I	V	I	T	Z	G	O	D	F	R	E	Y	X	K	V	K	I	N	Z
B	X	Y	I	L	M	C	N	E	I	L	O	L	Y	I	M	W	C	X	G
R	H	G	T	R	D	I	K	H	Q	Y	C	G	R	Q	Q	K	E	W	G
A	K	V	A	O	G	O	U	B	T	B	K	L	W	W	Y	H	C	E	P
N	W	G	P	R	O	Í	B	O	N	Y	A	N	G	O	N	A	N	A	L
T	P	Q	U	W	N	H	N	B	B	I	M	Y	K	O	L	E	N	K	O
H	H	H	B	K	O	E	R	I	I	Y	P	A	T	T	E	R	S	O	N
W	R	H	H	W	O	S	R	X	A	N	G	O	M	E	S	Y	L	C	U
A	A	C	A	L	V	E	R	T	-	L	E	W	I	N	U	D	M	R	B
I	U	E	O	I	G	U	E	Y	E	V	U	F	U	Y	T	R	S	E	D
T	H	A	R	R	I	S	O	N	E	V	L	J	Q	D	N	H	O	L	J
E	B	W	O	Q	E	A	V	N	X	D	A	N	J	U	M	A	V	L	G
M	P	I	C	K	F	O	R	D	W	V	G	W	E	M	N	J	D	I	X
D	O	U	C	O	U	R	É	C	O	L	E	M	A	N	Z	U	U	N	P
I	Q	C	H	E	R	M	I	T	I	E	A	Z	T	G	U	N	L	H	E

- ☐ #1 - PICKFORD
- ☐ #12 - VIRGÍNIA
- ☐ #31 - LONERGAN
- ☐ #43 - CRELLIN
- ☐ #2 - PATTERSON
- ☐ #5 - KEANE
- ☐ #6 - TARKOWSKI
- ☐ #18 - YOUNG
- ☐ #19 - MYKOLENKO

- ☐ #22 - GODFREY
- ☐ #23 - COLEMAN
- ☐ #32 - BRANTHWAITE
- ☐ #8 - ONANA
- ☐ #16 - DOUCOURÉ
- ☐ #20 - ALLI
- ☐ #21 - GOMES
- ☐ #27 - GUEYE
- ☐ #37 - GARNER

- ☐ #62 - ONYANGO
- ☐ #7 - MCNEIL
- ☐ #9 - CALVERT-LEWIN
- ☐ #10 - DANJUMA
- ☐ #11 - HARRISON
- ☐ #14 - BETO
- ☐ #28 - CHERMITI
- ☐ #61 - DOBBIN

C _ _ _ _ _ _
-
_ _ _ _ _

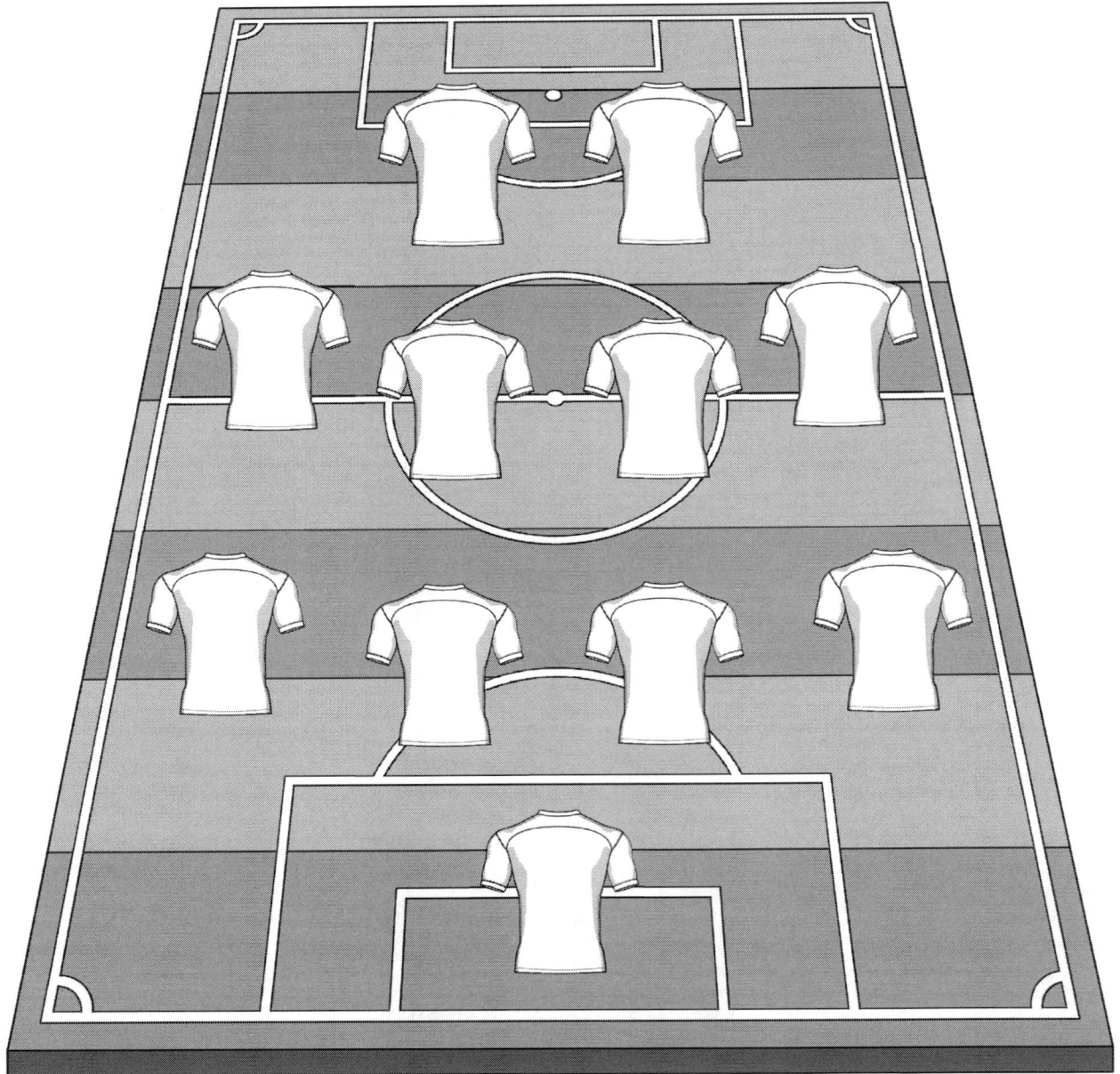

12

NEWCASTLE

U	X	H	G	A	N	D	E	R	S	O	N	Q	R	D	F	C	Q	Z	X
I	L	O	N	G	S	T	A	F	F	R	H	T	O	N	A	L	I	K	P
T	E	G	U	I	M	A	R	Ã	E	S	S	M	U	R	P	H	Y	H	K
K	B	H	Z	P	K	G	D	L	I	V	R	A	M	E	N	T	O	N	V
J	O	T	A	I	X	N	O	K	G	N	V	K	A	R	I	U	S	P	P
O	T	W	I	L	S	O	N	R	R	T	R	I	P	P	I	E	R	G	M
E	M	G	O	D	L	P	N	I	D	A	R	G	V	V	E	Y	J	Q	I
L	A	I	C	D	K	Z	K	M	B	O	F	W	I	R	F	I	O	P	L
I	N	L	J	I	E	I	C	J	B	A	N	T	I	D	M	U	S	A	E
N	N	L	P	P	O	S	W	C	H	R	J	H	L	O	I	I	A	Y
T	X	E	O	J	R	U	B	D	G	D	I	N	G	Y	L	A	Z	N	K
O	G	S	P	R	A	F	Z	O	T	P	W	T	E	R	S	O	D	J	D
N	N	P	E	I	L	V	H	D	L	A	O	K	B	S	H	R	C	F	H
L	Z	I	Q	T	M	H	M	G	U	L	R	D	Ú	B	R	A	V	K	A
V	A	E	D	C	I	N	B	U	M	M	E	G	Q	B	L	R	C	R	M
V	B	Q	Q	H	R	U	A	O	R	H	M	H	E	S	Z	O	X	F	Q
J	U	T	G	I	Ó	U	G	J	H	P	P	E	Y	T	C	R	O	P	I
Q	R	X	U	E	N	V	X	I	J	V	H	V	T	P	T	H	Q	R	Y
C	N	A	L	A	S	C	E	L	L	E	S	Y	Y	T	V	L	Ä	G	I
K	D	W	U	R	M	A	N	Q	U	I	L	L	O	K	S	J	W	R	X

- ☐ #1 - DÚBRAVKA
- ☐ #18 - KARIUS
- ☐ #22 - POPE
- ☐ #29 - GILLESPIE
- ☐ #2 - TRIPPIER
- ☐ #3 - DUMMETT
- ☐ #4 - BOTMAN
- ☐ #5 - SCHÄR
- ☐ #6 - LASCELLES
- ☐ #13 - TARGETT
- ☐ #17 - KRAFTH

- ☐ #19 - MANQUILLO
- ☐ #20 - HALL
- ☐ #21 - LIVRAMENTO
- ☐ #33 - BURN
- ☐ #54 - MURPHY
- ☐ #7 - JOELINTON
- ☐ #8 - TONALI
- ☐ #10 - GORDON
- ☐ #11 - RITCHIE
- ☐ #15 - BARNES
- ☐ #23 - MURPHY

- ☐ #24 - ALMIRÓN
- ☐ #28 - WILLOCK
- ☐ #32 - ANDERSON
- ☐ #34 - DE BOLLE
- ☐ #36 - LONGSTAFF
- ☐ #39 - GUIMARÃES
- ☐ #67 - MILEY
- ☐ #9 - WILSON
- ☐ #14 - ISAK

NEWCASTLE UNITED

A _ _ _ _ _ _ _ _ _ _ _

_ _ _ _

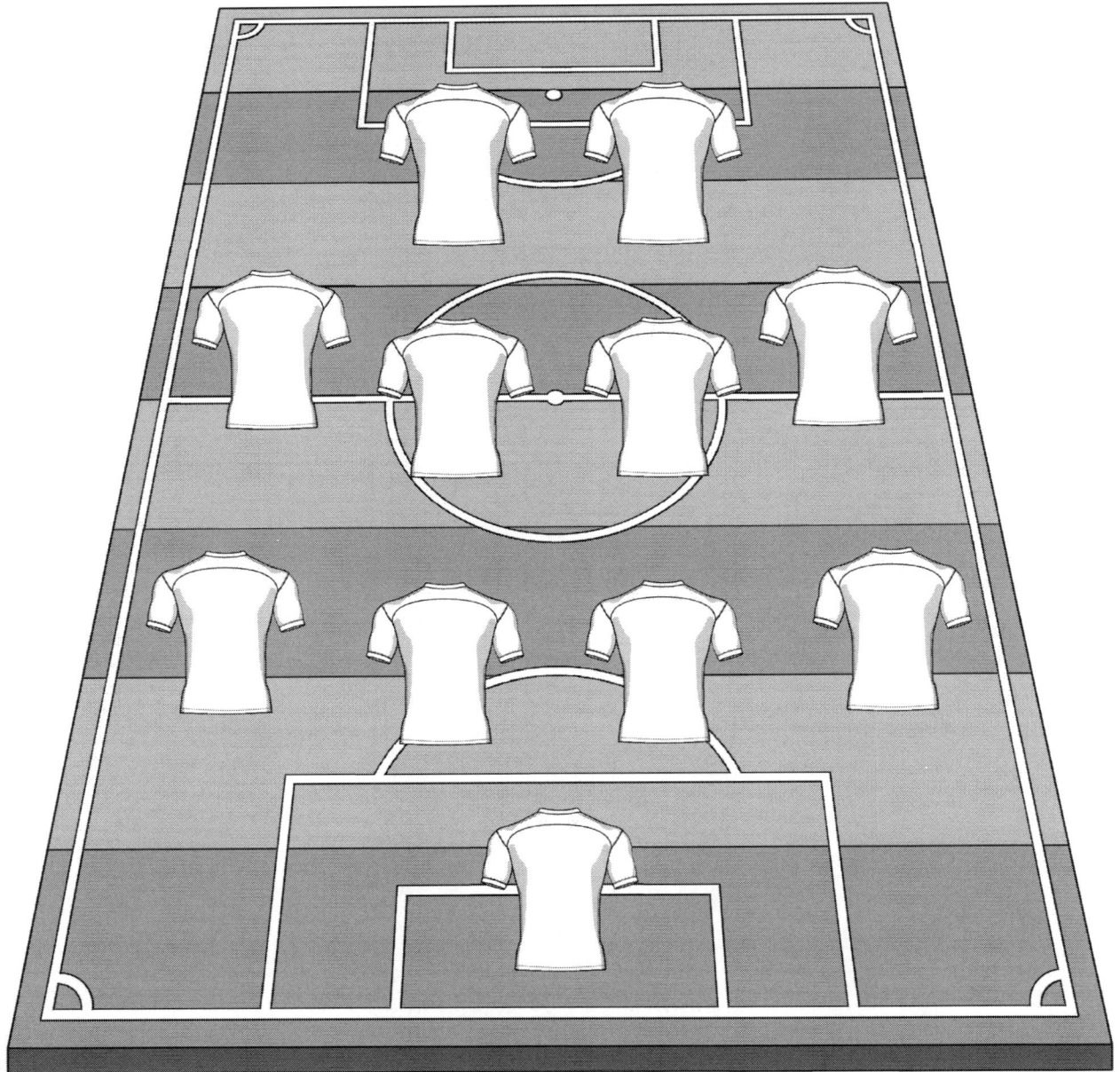

MY ELEVEN

REAL MADRID

S	P	R	Ü	D	I	G	E	R	U	D	U	M	O	D	R	I	C	O	L
Y	F	C	A	M	A	V	I	N	G	A	R	O	D	R	Y	G	O	L	W
Q	N	D	Z	A	Q	I	Z	H	E	W	H	G	A	R	C	Í	A	Y	B
C	K	F	G	B	R	L	F	K	F	C	G	B	L	U	N	I	N	B	G
K	E	V	H	Ü	Z	R	D	G	T	C	H	O	U	A	M	É	N	I	G
K	N	B	R	Z	L	R	I	L	V	I	N	I	C	I	U	S	J	R	D
R	A	V	A	C	I	E	K	Z	L	R	T	S	O	M	A	S	V	G	T
K	C	L	Á	B	T	R	F	A	M	I	L	I	T	A	O	M	S	H	
B	H	D	P	Z	L	A	O	J	L	B	N	Q	B	O	A	L	A	B	A
G	O	Í	N	A	Q	O	X	Q	Q	P	A	R	C	S	M	C	N	K	D
Y	O	A	F	J	Q	U	S	L	Q	V	Z	L	V	H	V	K	C	J	H
B	W	Z	Z	E	P	S	E	C	S	N	A	V	A	L	E	O	K	Z	U
Y	C	P	K	K	W	H	G	Z	O	K	C	L	P	G	N	E	P	V	F
M	H	V	R	P	D	I	V	J	K	U	G	A	V	K	A	Y	M	X	G
A	A	I	S	U	S	Z	K	O	T	Q	R	K	O	E	C	A	E	N	X
C	A	R	V	A	J	A	L	S	A	F	R	T	R	G	R	O	H	E	V
T	U	A	E	W	X	H	Y	E	F	I	N	E	O	O	H	D	C	K	T
I	K	Y	Z	P	G	U	F	L	S	D	J	T	U	I	O	Q	E	S	S
V	N	M	E	N	D	Y	Z	U	A	S	U	O	V	I	S	S	Q	X	R
R	J	Q	X	V	X	X	D	J	B	E	L	L	I	N	G	H	A	M	F

- ☐ #1 - COURTOIS
- ☐ #2 - CARVAJAL
- ☐ #3 - MILITAO
- ☐ #4 - ALABA
- ☐ #5 - BELLINGHAM
- ☐ #6 - NACHO
- ☐ #7 - VINICIUS
- ☐ #8 - KROOS
- ☐ #10 - MODRIC
- ☐ #11 - RODRYGO
- ☐ #12 - CAMAVINGA
- ☐ #13 - LUNIN
- ☐ #14 - JOSELU
- ☐ #15 - VALVERDE
- ☐ #17 - VÁZQUEZ
- ☐ #18 - TCHOUAMÉNI
- ☐ #19 - CEBALLOS
- ☐ #20 - GARCÍA
- ☐ #21 - DÍAZ
- ☐ #22 - RÜDIGER
- ☐ #23 - MENDY
- ☐ #24 - GÜLER
- ☐ #25 - ARRIZABALAGA

J _ _ _

_ _ _ _ _ _ _ _ _ _ _

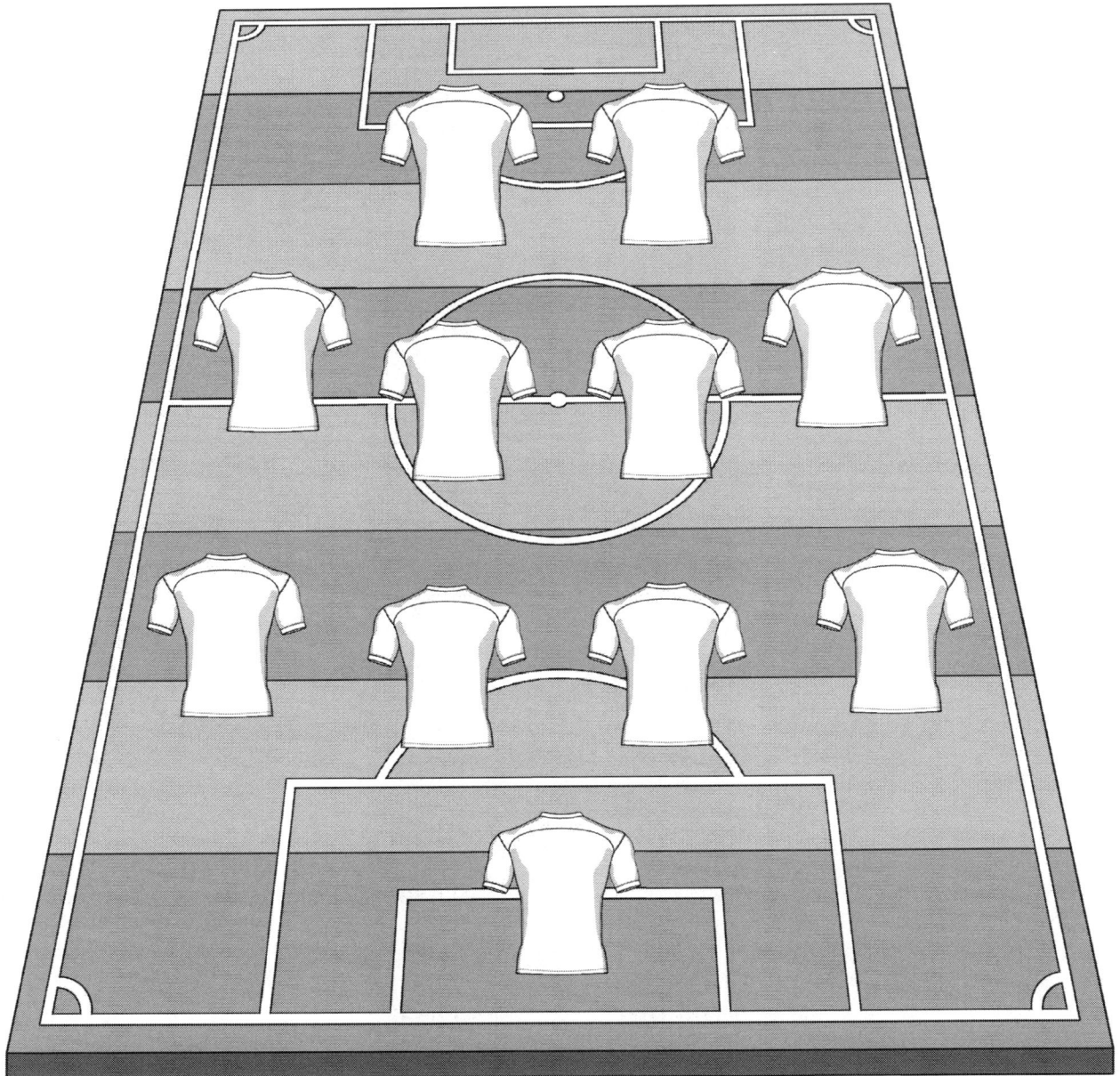

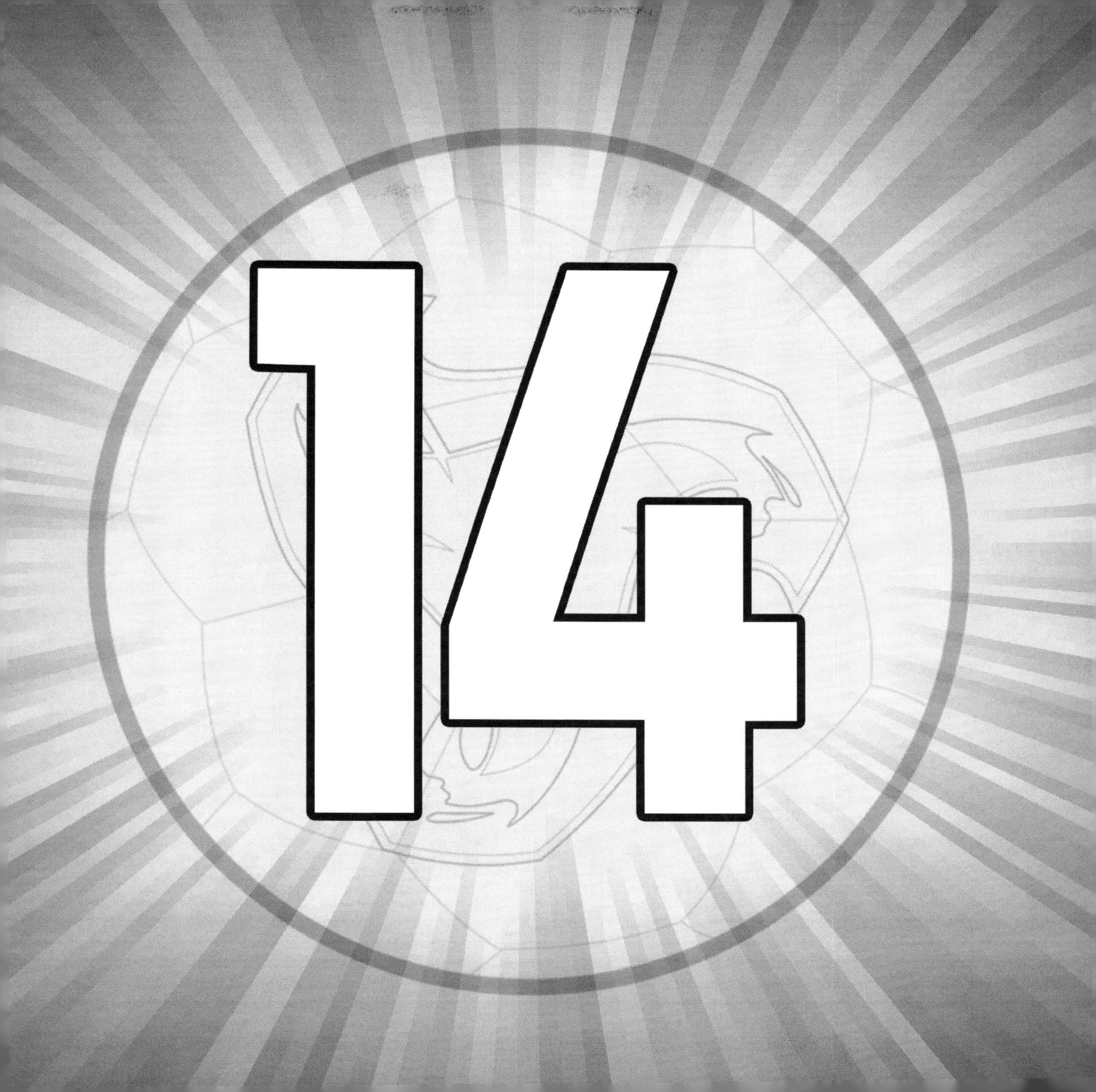
14

BARCELONA

M	O	E	Y	H	M	K	M	M	N	A	E	I	G	R	O	Y	U	G	M
X	R	U	M	N	V	C	A	N	C	E	L	O	M	A	Z	Z	O	M	F
M	O	R	K	T	E	R	S	T	E	G	E	N	O	T	C	U	P	J	P
D	M	R	A	P	H	I	N	A	A	V	T	E	Z	K	S	E	L	F	E
H	E	R	V	S	B	R	D	V	M	K	N	X	A	F	É	L	I	X	Ñ
V	U	M	A	R	T	Í	N	E	Z	R	R	W	D	V	V	A	R	D	A
P	T	T	R	T	Q	N	Q	H	V	C	H	Y	U	V	S	B	M	C	Z
E	Y	D	Y	C	L	E	W	A	N	D	O	W	S	K	I	A	Q	D	V
D	Y	N	I	H	N	O	A	J	Q	E	Q	O	B	Y	K	L	X	M	H
R	V	D	R	R	U	T	W	R	X	W	D	R	T	V	B	D	N	F	D
I	Q	W	V	I	D	F	C	S	A	M	M	C	I	F	T	E	U	B	E
N	Q	H	V	S	Y	I	B	B	P	Ú	L	K	R	O	B	E	R	T	O
X	Q	U	D	T	C	J	Y	H	O	C	J	I	C	T	K	F	I	R	N
R	C	J	P	E	O	I	K	G	K	E	I	O	U	T	N	T	S	V	V
S	Y	G	T	N	D	W	U	M	M	B	F	G	Ü	N	D	O	Ğ	A	N
O	O	K	O	S	S	E	Z	K	N	Y	I	A	H	A	L	O	N	S	O
B	M	T	R	E	V	Z	J	T	Y	U	I	U	J	G	A	V	I	A	P
J	Q	S	R	N	H	U	I	O	X	D	N	C	W	K	O	U	N	D	É
S	Z	M	E	J	K	G	P	K	N	R	U	F	F	K	X	B	N	S
T	K	E	S	N	V	I	J	S	G	G	D	A	D	E	N	J	W	D	Z

- ☐ #1 - TERSTEGEN
- ☐ #2 - CANCELO
- ☐ #3 - BALDE
- ☐ #4 - ARAÚJO
- ☐ #5 - MARTÍNEZ
- ☐ #6 - GAVI
- ☐ #7 - TORRES
- ☐ #8 - PEDRI
- ☐ #9 - LEWANDOWSKI
- ☐ #11 - RAPHINA
- ☐ #13 - PEÑA
- ☐ #14 - FÉLIX
- ☐ #15 - CHRISTENSEN
- ☐ #17 - ALONSO
- ☐ #18 - ROMEU
- ☐ #20 - ROBERTO
- ☐ #21 - DE JONG
- ☐ #22 - GÜNDOĞAN
- ☐ #23 - KOUNDÉ

R _ _ _ _ _

_ _ _ _ _ _ _ _ _ _ _

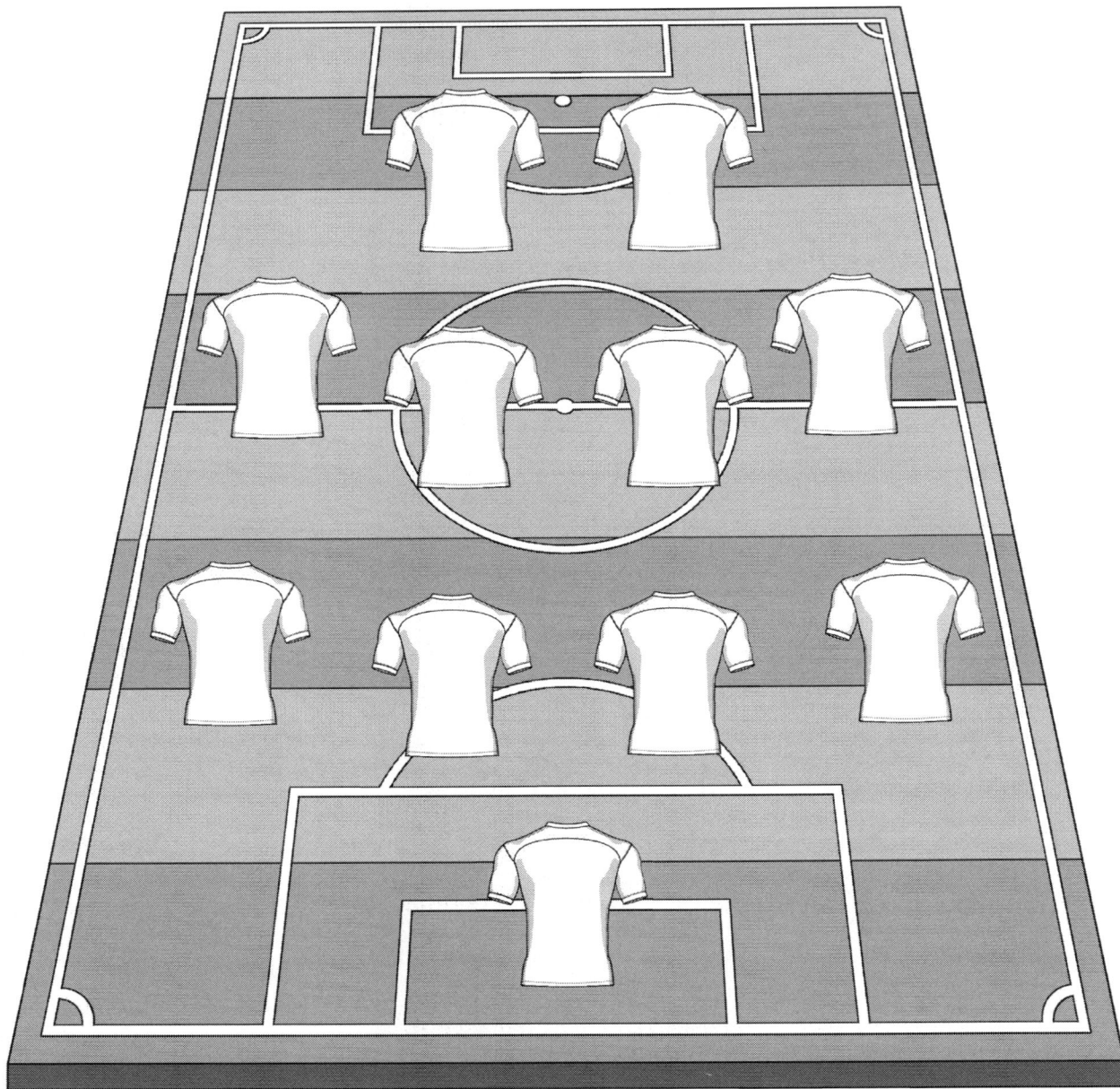

ATLETICO DE MADRID

S	Ö	Y	Ü	N	C	Ü	B	X	S	L	W	I	T	S	E	L	J	E	R
R	P	G	U	U	L	E	M	A	R	J	D	S	A	U	L	L	I	Z	T
Z	H	W	A	Y	C	J	L	G	J	D	V	K	O	B	M	L	I	N	A
A	O	B	L	A	K	F	X	F	E	B	Q	U	N	K	O	O	N	F	O
G	R	J	P	G	B	R	I	L	O	C	Z	N	H	O	L	R	E	A	A
W	H	A	Z	P	I	L	I	C	U	E	T	A	A	K	I	E	C	E	R
M	T	J	Y	B	C	O	D	U	F	F	F	L	P	E	N	N	O	E	I
E	O	Z	O	P	A	I	X	E	T	W	L	Y	G	F	A	T	R	J	Q
S	A	V	I	Ć	X	R	V	Z	P	B	P	Y	F	A	N	E	R	B	U
U	Y	A	R	E	M	W	R	I	C	A	F	I	Q	J	L	J	E	D	E
Q	A	M	G	Y	C	K	P	I	T	H	Y	L	S	S	Q	Á	A	U	L
D	Q	H	F	C	D	J	Q	Z	O	O	W	L	W	A	Q	R	N	C	M
H	K	O	S	T	I	S	W	Z	U	S	L	M	O	R	A	T	A	J	E
B	D	S	G	M	A	N	D	A	V	A	K	O	Q	F	Q	P	Z	L	W
C	Z	P	B	L	H	G	U	G	R	B	I	Ć	Z	B	Q	U	C	B	T
Y	H	E	R	M	O	S	O	F	D	D	E	P	A	U	L	W	S	W	K
C	M	P	Y	R	M	D	A	J	X	A	Z	Y	R	B	B	W	O	T	Z
K	Z	G	I	M	É	N	E	Z	N	X	E	J	W	H	L	L	D	S	A
R	G	R	I	E	Z	M	A	N	N	W	C	M	M	Q	U	Q	Z	R	S
U	D	C	C	W	D	H	H	Z	W	A	C	Z	R	U	H	P	W	P	Y

☐ #1 - GRBIĆ
☐ #2 - GIMÉNEZ
☐ #3 - AZPILICUETA
☐ #4 - SÖYÜNCÜ
☐ #5 - DEPAUL
☐ #6 - KOKE
☐ #7 - GRIEZMANN
☐ #8 - SAUL
☐ #9 - DEPAY

☐ #10 - CORREA
☐ #11 - LEMAR
☐ #12 - LINO
☐ #13 - OBLAK
☐ #14 - LLORENTE
☐ #15 - SAVIĆ
☐ #16 - MOLINA
☐ #17 - GALÁN
☐ #19 - MORATA

☐ #20 - WITSEL
☐ #22 - HERMOSO
☐ #23 - MANDAVA
☐ #24 - BARRIOS
☐ #25 - RIQUELME
☐ #27 - KOSTIS

J _ _ _

_ _ _ _ _

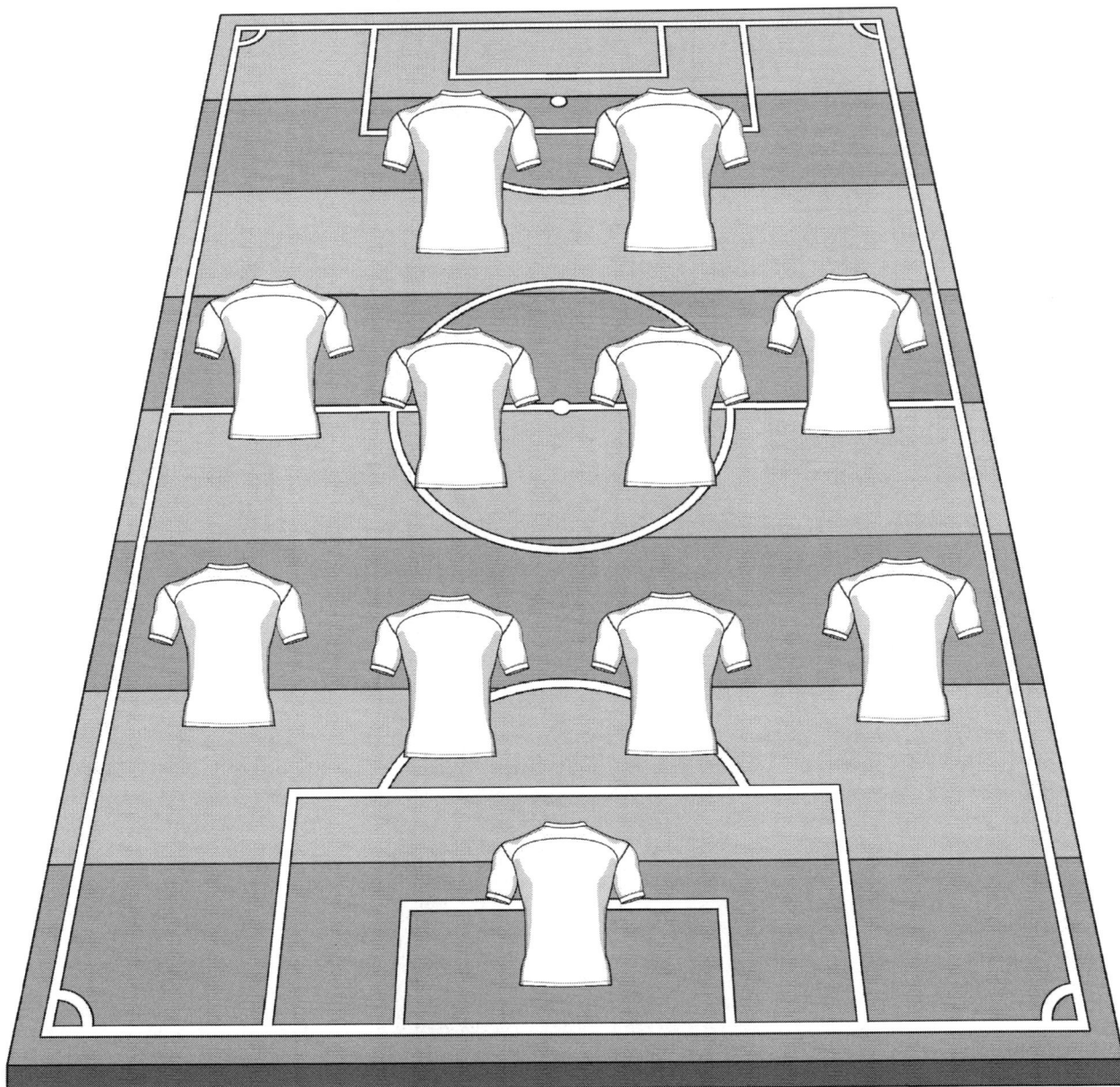

INTER MIAMI

V	H	Q	D	I	J	E	A	N	F	R	Z	A	R	M	P	U	Y	S	B
Y	Q	O	J	U	G	F	M	J	A	E	H	M	F	W	J	E	Z	K	P
T	A	B	C	X	Z	R	A	R	J	V	C	Y	E	M	G	M	T	E
I	C	L	A	G	B	Y	R	B	Í	Q	Y	V	L	V	C	V	Q	W	R
C	M	Z	L	A	X	R	T	E	A	Z	Z	E	N	Z	Y	I	B	W	X
V	E	L	L	R	B	B	Í	O	S	E	O	Y	U	Y	Y	L	Z	N	V
X	S	O	E	E	B	M	N	K	G	L	V	M	D	D	E	L	S	C	Z
T	S	P	N	C	O	Z	E	R	D	P	V	D	X	L	G	D	Y	G	F
L	I	D	D	P	L	U	Z	G	O	G	Ó	M	E	Z	L	R	L	K	P
E	X	X	E	C	L	M	U	F	V	B	U	S	Q	U	E	T	S	I	W
Z	V	G	R	K	M	O	T	A	P	F	J	M	U	F	X	G	X	R	N
U	L	L	O	A	H	S	D	Q	F	M	A	V	I	L	É	S	A	Q	W
P	B	Y	C	R	R	Y	A	A	M	Z	L	T	T	K	I	M	I	J	B
E	A	F	A	R	Y	W	E	I	S	Y	Z	A	F	U	I	V	P	S	V
G	C	F	M	O	E	L	Y	H	L	I	A	Y	V	T	D	V	P	F	Z
T	P	B	P	Y	M	V	S	A	L	O	J	L	Z	R	A	S	F	E	D
W	A	P	A	O	C	J	C	E	P	G	R	O	T	W	L	Y	B	K	O
D	K	A	N	V	O	G	N	G	Z	N	C	R	U	V	B	L	G	P	C
W	R	X	A	C	F	M	V	W	P	A	V	S	Y	U	A	Y	A	U	W
H	S	K	P	X	I	U	Q	O	H	I	I	D	Z	E	U	B	J	N	L

- ☐ #1 - CALLENDER
- ☐ #2 - YEDLIN
- ☐ #3 - ARROYO
- ☐ #4 - MCVEY
- ☐ #5 - BUSQUETS
- ☐ #6 - AVILÉS
- ☐ #7 - MOTA
- ☐ #8 - GÓMEZ
- ☐ #9 - CAMPANA
- ☐ #10 - MESSI
- ☐ #11 - FARÍAS
- ☐ #13 - ULLOA
- ☐ #14 - JEAN
- ☐ #15 - SAILOR
- ☐ #16 - TAYLOR
- ☐ #17 - MARTÍNEZ
- ☐ #18 - ALBA

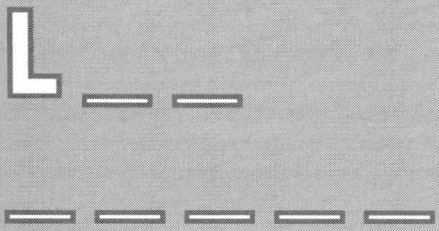

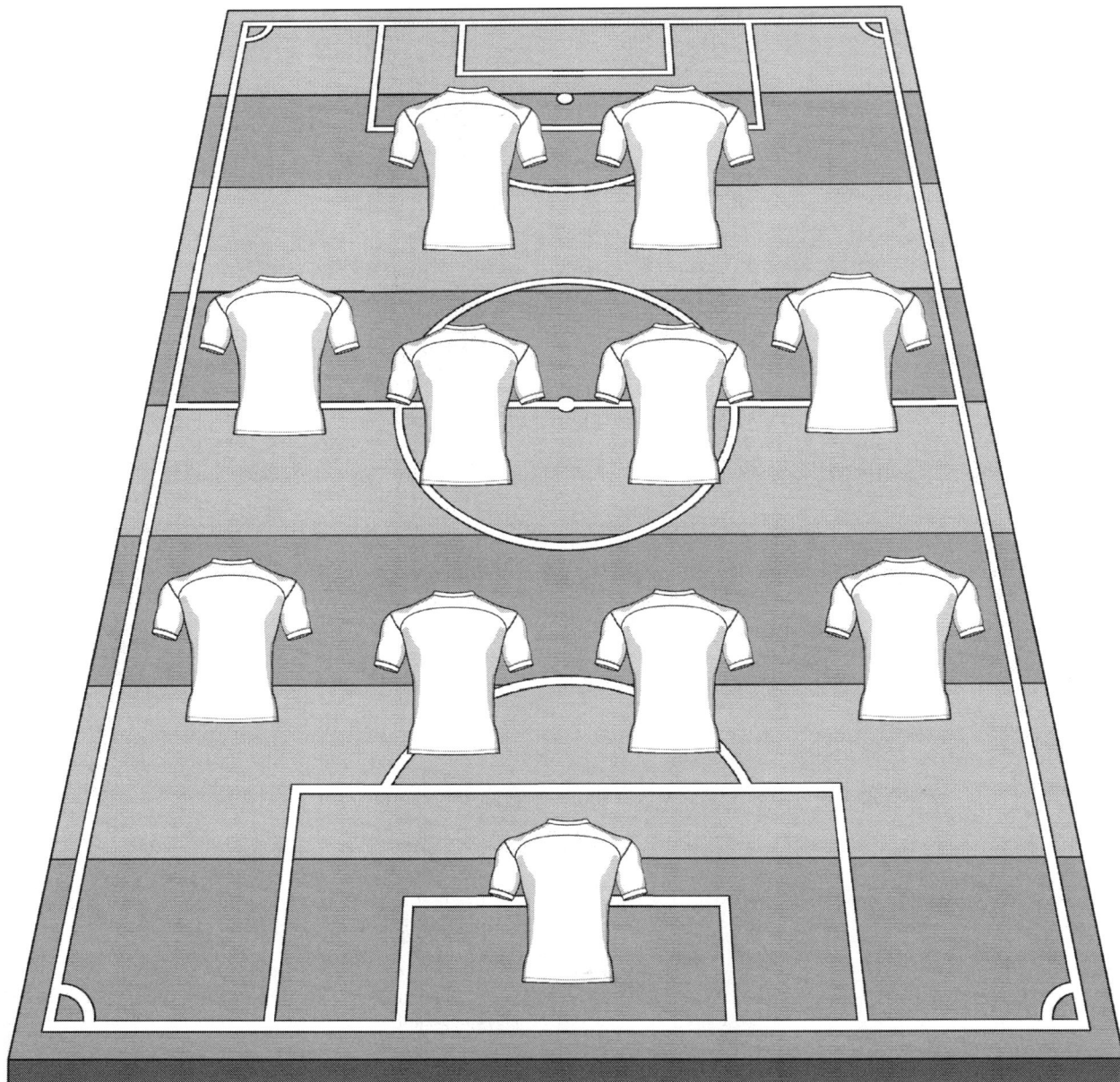

AL NASSR

F	P	E	A	D	M	M	A	D	U	T	L	Z	C	A	Q	A	F	T	H
O	T	W	O	C	D	B	A	S	L	H	A	K	E	L	A	L	N	A	R
F	V	F	S	T	E	L	L	E	S	R	J	Q	X		L		A	L	I
A	V	D	P	B	D	P		A	C	T	A	L	L	O		G	L	I	A
N	A	X	I	R	R	N	S	L	H	Z	M	N	B	T	N	H		S	W
A	B	K	N	O	C	A	U		G	S	I	P	O	A	E	A	A	C	V
U	D	J	A	Z	G	J	L	A	W	G	C	N	U	I	M	N	M	A	E
X	U	V	C	O	Y	J	A	Q	A	C	U	U	S	B	E	N	R	C	D
E	L	U	I	V	A	A	Y	I	S	L	P	S	H	I	R	A	I	S	N
P	L	C	F	I	H	R	H	D	Z	A		U	A	L	D	M	G	A	L
X	A	I	M	Ć	Y	A	E	I	T	W	L	F	L	S	V	R	H	H	A
Y	H	H	C	C	A	O	M	F	E	T	U		A	H	X	L	A	L	L
K	W	F	A	L		F	A	T	I	L	Q	A	H	R	C	V	R	O	
R	U	B	D	L	A	P	O	R	T	E	A	L	S	A	A	T	E	U	G
U	J	M	A	R	A	N	F	T	H	T	S		I	G	S	J	E	L	H
M	A	L		N	A	J	E	I	Y	R	S	A	T	I	P	S	B	I	A
L	A	W	A	G	A	D	F	A	N	L	E	L	H	Y	Y	F	A	X	N
U	O	F	N	O	T	Á	V	I	O	I	M	I	T	J	M	X	Z	N	N
L	R	O	N	A	L	D	O	B	L	M	T	W	D	X	N	K	Q	X	A
M	A	N	É	A	L		K	H	A	I	B	A	R	I	A	X	S	P	M

- ☐ #2 - AL GHANNAM
- ☐ #3 - MADU
- ☐ #4 - AL FATIL
- ☐ #5 - AL AMRI
- ☐ #6 - FOFANA
- ☐ #7 - RONALDO
- ☐ #8 - AL SULAYHEM
- ☐ #10 - MANÉ
- ☐ #11 - AL GHANNAM
- ☐ #12 - BOUSHAL
- ☐ #14 - AL NAJEI
- ☐ #15 - TELLES
- ☐ #16 - MARAN
- ☐ #17 - AL KHAIBARI
- ☐ #19 - AL HASSAN
- ☐ #22 - OSPINA
- ☐ #23 - YAHYA
- ☐ #24 - QASSEM
- ☐ #25 - OTÁVIO
- ☐ #27 - LAPORTE
- ☐ #29 - GHAREEB
- ☐ #30 - AL NEMER
- ☐ #31 - SAHLOULI
- ☐ #33 - ABDULLAH
- ☐ #36 - NAJJAR
- ☐ #41 - AL OTAIBI
- ☐ #44 - AL AQIDI
- ☐ #46 - AL ALIWA
- ☐ #55 - AL FARAJ
- ☐ #77 - BROZOVIĆ
- ☐ #78 - LAJAMI
- ☐ #94 - TALISCA

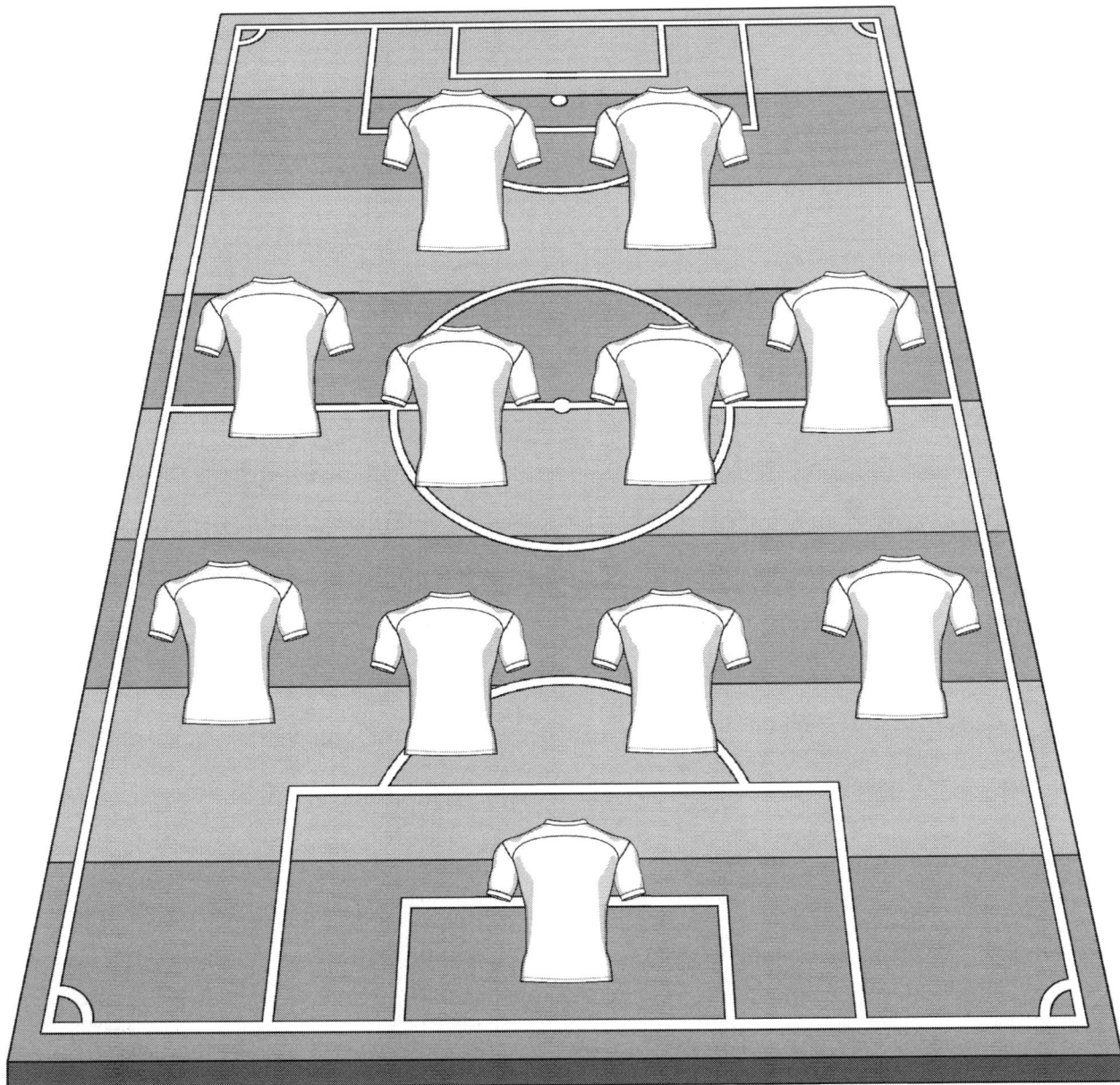

18

PSG

X	V	H	O	C	K	O	V	I	T	I	N	H	A	P	Q	W	N	L	K
Z	E	T	H	A	N		M	B	A	P	P	É	H	R	M	A	D	S	I
N	X	P	L	E	E	L	T	S	X	U	D	R	I	C	O	S	O	U	M
G	Z	B	A	R	C	O	L	A	M	Q	X	L	T	S	W	E	U	I	P
F	Q	W	X	W	R	E	J	U	M	J	A	D	R	O	K	N	R	C	E
K	O	L	O		M	U	A	N	I	A	B	K	M	L	Z	S	Z	N	M
T	F	Y	M	B	A	P	P	É	N	D	R	L	U	E	H	I	D	P	B
D	O	N	N	A	R	U	M	M	A	C	A	Q	A	R	N	O	Z	A	E
G	K	J	G	B	R	A	T	U	P	I	U	N	U	C	Z	D	K	D	R
P	O	K	O	X	M	F	D	D	H	D	G	K	I	I	Q	A	E	S	Z
T	E	N	A	S	N	H	A	G	A	H	A	B	B	L	N	J	W	S	A
U	Š	L	J	U	S	H	E	A	J	E	R	Z	M	F	O	H	S	A	I
E	K	E	H	A	K	I	M	I	X	R	T	V	U	C	D	I	O	P	R
O	R	T	A	E	R	A	M	O	S	N	E	S	K	L	E	C	N	S	E
A	I	E	H	K	R	U	I	Z	G	Á	Z	Y	I	H	M	K	A	T	-
N	N	L	Y	I	H	A	J	Y	H	N	K	J	E	E	B	Y	G	N	E
Y	I	L	G	T	N	A	V	A	S	D	M	A	L	C	É	A	E	A	M
I	A	I	Y	I	S	V	T	L	B	E	E	B	E	C	L	P	F	Z	E
Q	R	E	Y	K	N	B	Z	Q	H	Z	P	I	G	E	É	H	N	I	R
Z	N	R	X	E	E	J	W	S	E	Z	P	E	P	N	F	F	I	B	Y

- ☐ #1 - NAVAS
- ☐ #2 - HAKIMI
- ☐ #3 - KIMPEMBE
- ☐ #4 - UGARTE
- ☐ #5 - MARQUINHOS
- ☐ #7 - MBAPPÉ
- ☐ #8 - RUIZ
- ☐ #9 - RAMOS
- ☐ #10 - DEMBÉLÉ
- ☐ #11 - ASENSIO
- ☐ #15 - DANILO
- ☐ #16 - RICO
- ☐ #17 - VITINHA
- ☐ #19 - LEE
- ☐ #21 - HERNÁNDEZ
- ☐ #23 - KOLO MUANI
- ☐ #25 - MENDES
- ☐ #26 - MUKIELE
- ☐ #27 - NDOUR
- ☐ #28 - SOLER
- ☐ #29 - BARCOLA
- ☐ #33 - ZAIRE-EMERY
- ☐ #34 - NHAGA
- ☐ #37 - ŠKRINIAR
- ☐ #38 - ETHAN MBAPPÉ
- ☐ #44 - EKITIKE
- ☐ #80 - TENAS
- ☐ #90 - LETELLIER
- ☐ #97 - KURZAWA
- ☐ #99 - DONNARUMMA

PARIS SAINT-GERMAIN

QATAR AIRWAYS

7

K _ _ _ _ _ _

_ _ _ _ _ _

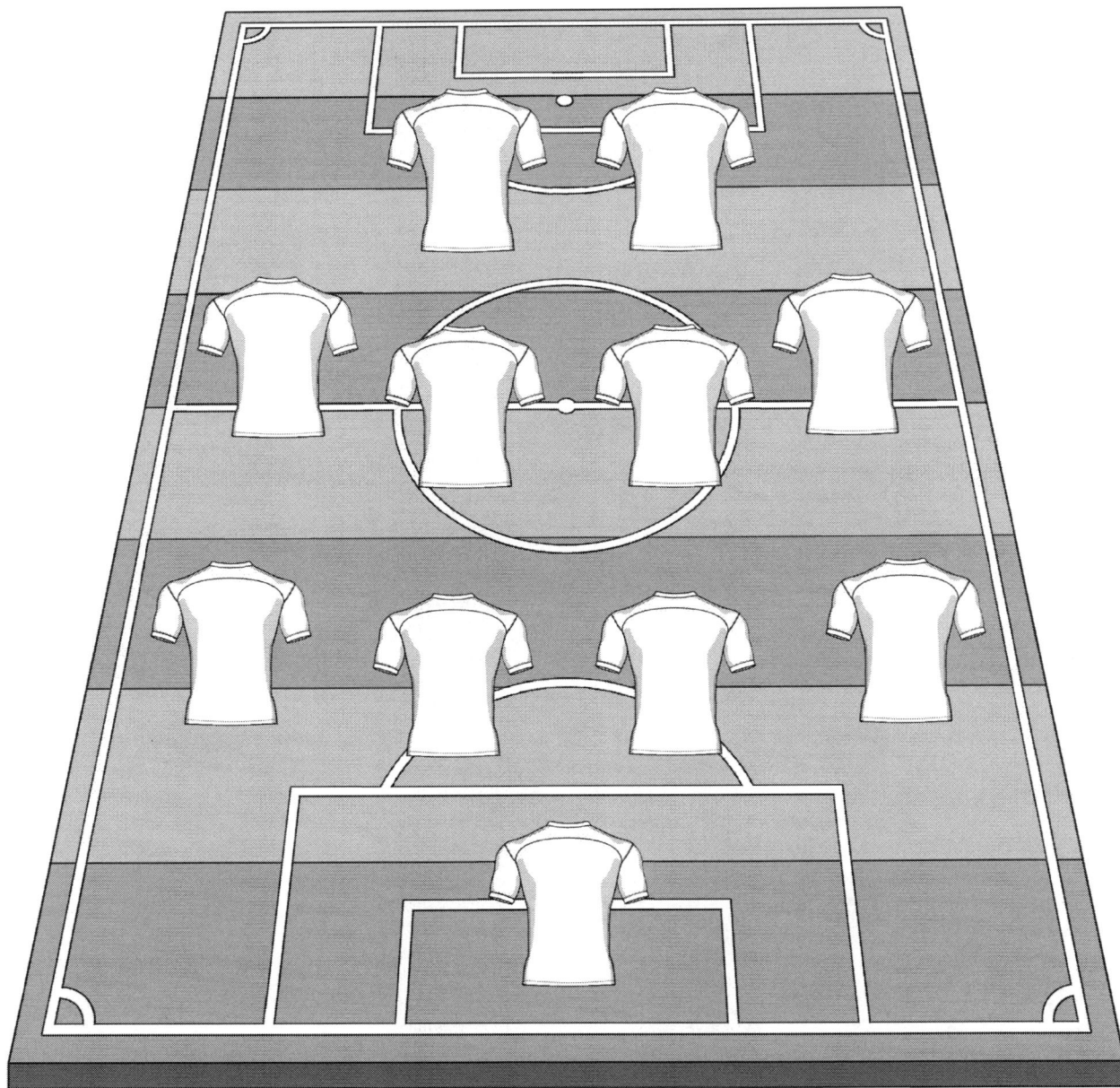

FIORENTINA

R	S	S	C	E	C	K	O	U	A	M	É	R	N	L	K	V	R	L	L
X	T	H	V	K	A	D	Y	F	C	H	R	I	S	T	E	N	S	E	N
I	B	G	P	G	S	X	P	E	B	W	T	M	D	U	N	C	A	N	B
Q	V	O	T	X	T	M	R	I	K	O	N	É	I	X	B	A	R	Á	K
H	P	V	N	V	R	R	U	M	F	F	R	B	M	N	V	B	L	V	C
C	I	M	B	A	O	D	W	G	B	J	J	O	I	C	A	Q	V	Q	O
G	D	W	E	U	V	B	R	E	K	A	L	O	E	R	V	N	W	J	M
O	J	N	L	S	I	E	O	U	T	S	K	I	N	O	A	A	R	P	U
N	P	U	T	O	L	S	N	K	L	J	U	N	M	Q	N	G	F	F	Z
Z	A	L	R	T	L	G	P	T	E	R	P	F	I	B	N	V	H	S	Z
Á	R	R	Á	T	I	O	O	M	U	M	T	A	L	A	U	U	X	I	O
L	I	A	N	I	I	D	O	A	R	R	R	N	E	M	C	V	U	N	K
E	S	A	R	L	B	X	T	R	A	L	A	T	N	A	C	L	J	W	P
Z	I	R	D	T	X	H	Z	T	N	Q	C	I	K	T	H	C	I	L	I
S	W	J	D	B	H	I	Y	I	I	Q	N	N	O	U	I	N	A	Ó	E
R	C	N	J	R	S	U	E	N	E	D	Q	O	V	C	R	Z	I	P	R
K	D	O	D	Ô	H	H	R	E	R	R	X	I	I	C	W	O	N	E	O
Y	S	A	L	J	D	Y	E	L	I	H	Z	S	Ć	I	Z	L	C	Z	Z
X	K	R	U	D	T	G	O	L	V	K	A	Y	O	D	E	A	M	M	Z
L	A	I	P	B	L	D	Z	I	M	A	N	D	R	A	G	O	R	A	I

- ☐ #1 - TERRACCIANO
- ☐ #2 - DODÔ
- ☐ #3 - BIRAGHI
- ☐ #4 - MILENKOVIĆ
- ☐ #5 - BONAVENTURA
- ☐ #6 - ARTHUR
- ☐ #7 - SOTTIL
- ☐ #8 - LÓPEZ
- ☐ #9 - BELTRÁN
- ☐ #10 - CASTROVILLI
- ☐ #10 - GONZÁLEZ
- ☐ #11 - IKONÉ
- ☐ #16 - RANIERI
- ☐ #18 - NZOLA
- ☐ #19 - INFANTINO
- ☐ #26 - MINA
- ☐ #28 - MARTÍNEZ QUARTA
- ☐ #30 - MARTINELLI
- ☐ #32 - DUNCAN
- ☐ #33 - KAYODE
- ☐ #37 - COMUZZO
- ☐ #38 - MANDRAGORA
- ☐ #40 - VANNUCCHI
- ☐ #53 - CHRISTENSEN
- ☐ #65 - PARISI
- ☐ #70 - PIEROZZI
- ☐ #72 - BARÁK
- ☐ #73 - AMATUCCI
- ☐ #77 - BREKALO
- ☐ #99 - KOUAMÉ

N _ _ _ _

_ _ _ _ _ _ _ _ _ _

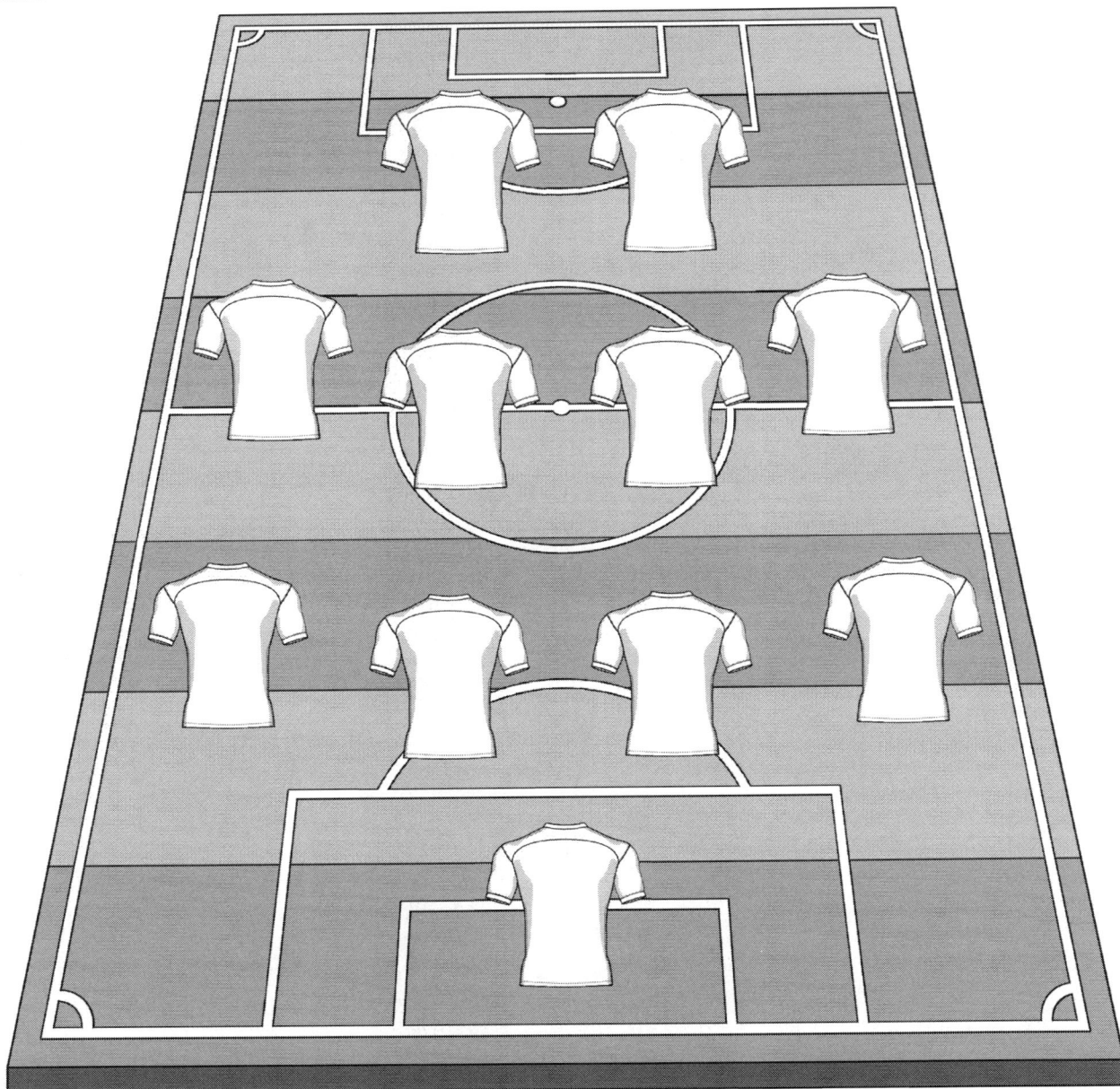

MY ELEVEN

INTER MILAN

U	L	R	Q	D	M	K	H	I	T	A	R	Y	A	N	B	O	D	K	A
S	J	A	J	I	M	A	A	J	B	D	B	C	D	H	A	B	A	L	S
T	Z	S	U		Q	K	P	D	F	I	K	N	A	S	S	Q	R	Q	M
A	S	Á	J	G	W	I	W	Z	C	M	F	O	C	E	T	K	M	H	F
U	D	N	F	E	U	N	Z	N	T	A	E	S	S	N	O	X	I	H	O
D	U	C	R	N	E	S	G	U	E	R	C	I	O	S	N	B	A	M	A
E	M	H	A	N	B	A	T	L	F	C	Q	F	J	I	I	S	N	V	N
R	F	E	T	A	R	N	R	O	E	O	G	D	D	E		V	R	I	J
O	R	Z	T	R	E	M	Ç	A	L	H	A	N	O	Ğ	L	U	V	B	W
P	I	I	E	O	R	I	A	L	P	P	L	S	A	R	R	G	V	I	S
I	E	S	S	J	X	R	C	A	R	N	A	U	T	O	V	I	Ć	S	T
N	S	I	I	K	V	O	E	K	L	A	A	S	S	E	N	Y	R	S	A
A	S	L	L	A	N	I	R	Z	Y	W	A	O	K	B	M	W	M	E	N
B	Z	M	O	S	M	S	B	S	O	M	M	E	R	A	O	S	A	C	K
P	A	V	A	R	D	U	I	A	G	O	U	M	É	R	P	M	R	K	O
W	T	K	A	M	A	T	E	K	K	B	Z	M	P	E	E	J	T	U	V
K	F	C	U	A	D	R	A	D	O	N	W	Y	S	L	H	D	Í	B	I
T	H	U	R	A	M	D	T	K	S	T	A	B	I	L	E	G	N	I	Ć
T	A	X	F	Y	P	P	F	L	V	F	O	M	Z	A	P	X	E	W	R
S	F	B	I	F	P	T	C	A	L	L	I	G	A	R	I	S	Z	V	K

- ☐ #1 - SOMMER
- ☐ #2 - DUMFRIES
- ☐ #5 - SENSI
- ☐ #6 - DE VRIJ
- ☐ #7 - CUADRADO
- ☐ #8 - ARNAUTOVIĆ
- ☐ #9 - THURAM
- ☐ #10 - MARTÍNEZ
- ☐ #12 - DI GENNARO
- ☐ #14 - KLAASSEN
- ☐ #15 - ACERBI
- ☐ #16 - FRATTESI
- ☐ #20 - ÇALHANOĞLU
- ☐ #21 - ASLLANI
- ☐ #22 - MKHITARYAN
- ☐ #23 - BARELLA
- ☐ #28 - PAVARD
- ☐ #30 - AUGUSTO
- ☐ #31 - BISSECK
- ☐ #32 - DIMARCO
- ☐ #36 - DARMIAN
- ☐ #40 - CALLIGARIS
- ☐ #42 - AGOUMÉ
- ☐ #43 - AKINSANMIRO
- ☐ #44 - STABILE
- ☐ #47 - KAMATE
- ☐ #48 - GUERCIO
- ☐ #49 - SARR
- ☐ #50 - STANKOVIĆ
- ☐ #70 - SÁNCHEZ
- ☐ #77 - AUDERO
- ☐ #95 - BASTONI

L _ _ _ _ _ _ _

_ _ _ _ _ _ _ _ _ _

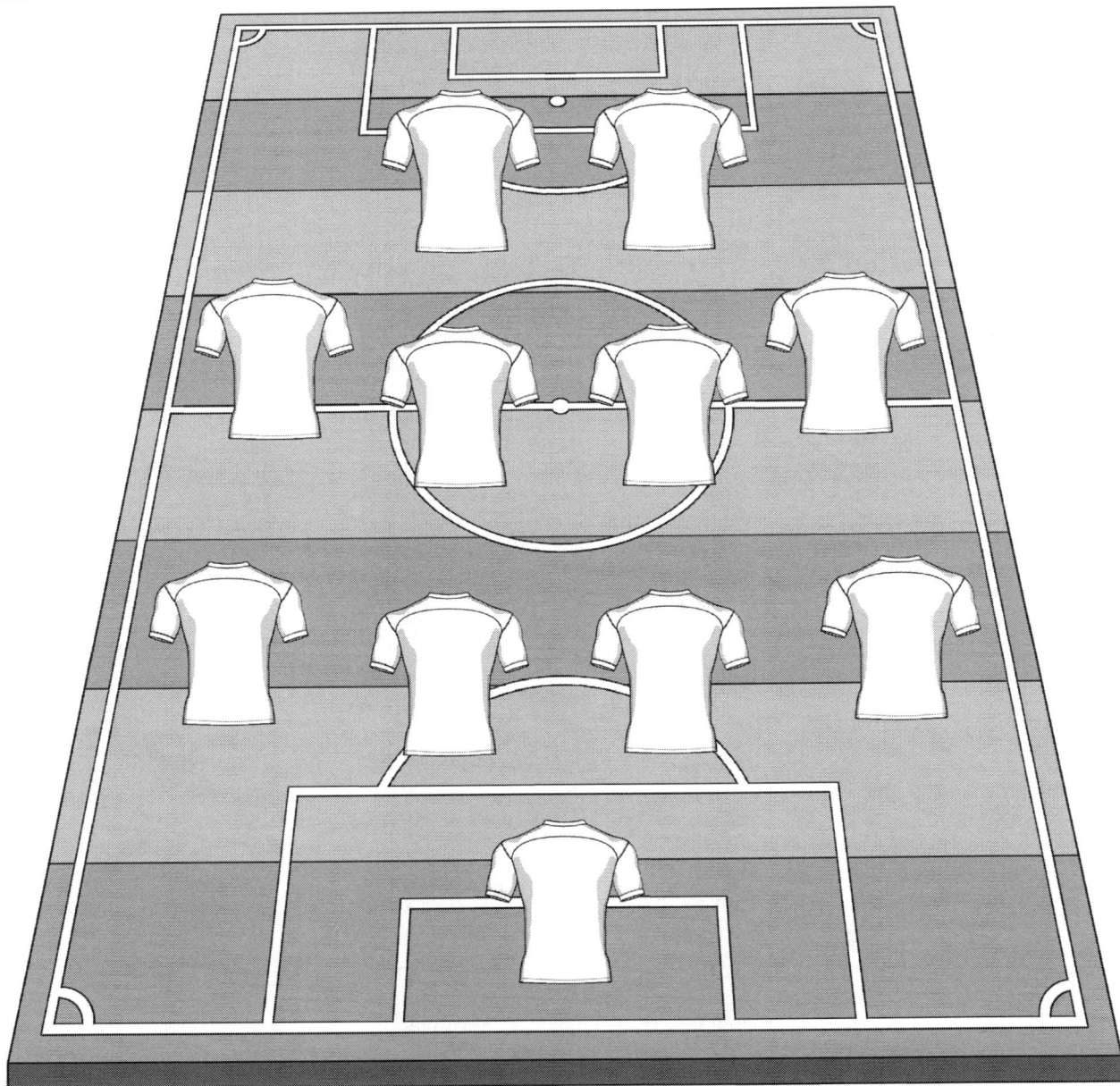

MY ELEVEN

21

AC MILAN

E	T	H	N	B	T	O	Y	I	A	I	Y	E	G	T	N	Z	W	X	A
C	Y	E	L	H	Y	X	K	M	S	E	A	O	I	H	D	H	X	X	X
M	D	W	O	K	A	F	O	R	A	D	X	S	R	I	E	U	F	I	W
Y	R	B	F	P	O	J	V	F	U	I	O	H	A	O	B	W	U	K
D	O	J	T	P	U	N	O	J	E	T	G	S	U	W	L	B	H	A	V
A	M	U	U	D	J	L	U	V	H	K	R	N	D	P	O	B	E	G	A
P	E	C	S	P	B	L	I	Q	I	E	P	A	A	L	E	Ã	O	E	J
E	R	I	-	K	J	Æ	R	S	T	Ć	R	F	O	N	P	I	W	Q	J
L	O	L	C	Z	N	D	Q	K	I	A	P	N	L	R	K	W	U	O	A
L	F	A	H	L	Y	U	Q	E	C	J	R	A	O	È	T	Z	A	J
E	S	M	E	Z	V	Z	V	S	L	K	M	O	U	N	R	P	G	D	D
G	P	I	E	B	Z	B	C	A	L	A	B	R	I	A	D	E	A	L	Q
R	O	R	K	K	E	R	E	I	J	N	D	E	R	S	K	E	N	I	P
I	R	A	W	R	B	N	E	E	I	I	R	O	F	V	A	E	Z	Z	C
N	T	N	I	U	U	E	N	N	A	V	A	H	L	E	L	Q	P	D	I
O	I	T	J	N	D	O	C	A	L	D	A	R	A	Q	U	F	M	W	R
Q	E	E	R	I	T	E	T	C	C	X	X	E	V	N	L	R	U	E	E
F	L	O	H	Ć	M	M	U	B	W	E	O	W	J	B	U	L	S	M	Y
Q	L	O	T	O	M	O	R	I	C	L	R	Z	X	O	C	Z	A	I	F
X	O	H	D	Q	R	C	H	U	K	W	U	E	Z	E	Z	L	H	Z	D

- ☐ #2 - CALABRIA
- ☐ #4 - BENNACER
- ☐ #7 - ADLI
- ☐ #8 - LOFTUS-CHEEK
- ☐ #9 - GIROUD
- ☐ #10 - LEÃO
- ☐ #11 - PULISIC
- ☐ #14 - REIJNDERS
- ☐ #15 - JOVIĆ
- ☐ #16 - MAIGNAN

- ☐ #17 - OKAFOR
- ☐ #18 - ROMERO
- ☐ #19 - HERNANDEZ
- ☐ #20 - KALULU
- ☐ #21 - CHUKWUEZE
- ☐ #23 - TOMORI
- ☐ #24 - KJÆR
- ☐ #28 - THIAW
- ☐ #30 - CALDARA
- ☐ #31 - PELLEGRINO

- ☐ #32 - POBEGA
- ☐ #33 - KRUNIĆ
- ☐ #42 - FLORENZI
- ☐ #57 - SPORTIELLO
- ☐ #69 - NAVA
- ☐ #70 - TRAORÈ
- ☐ #80 - MUSAH
- ☐ #83 - MIRANTE

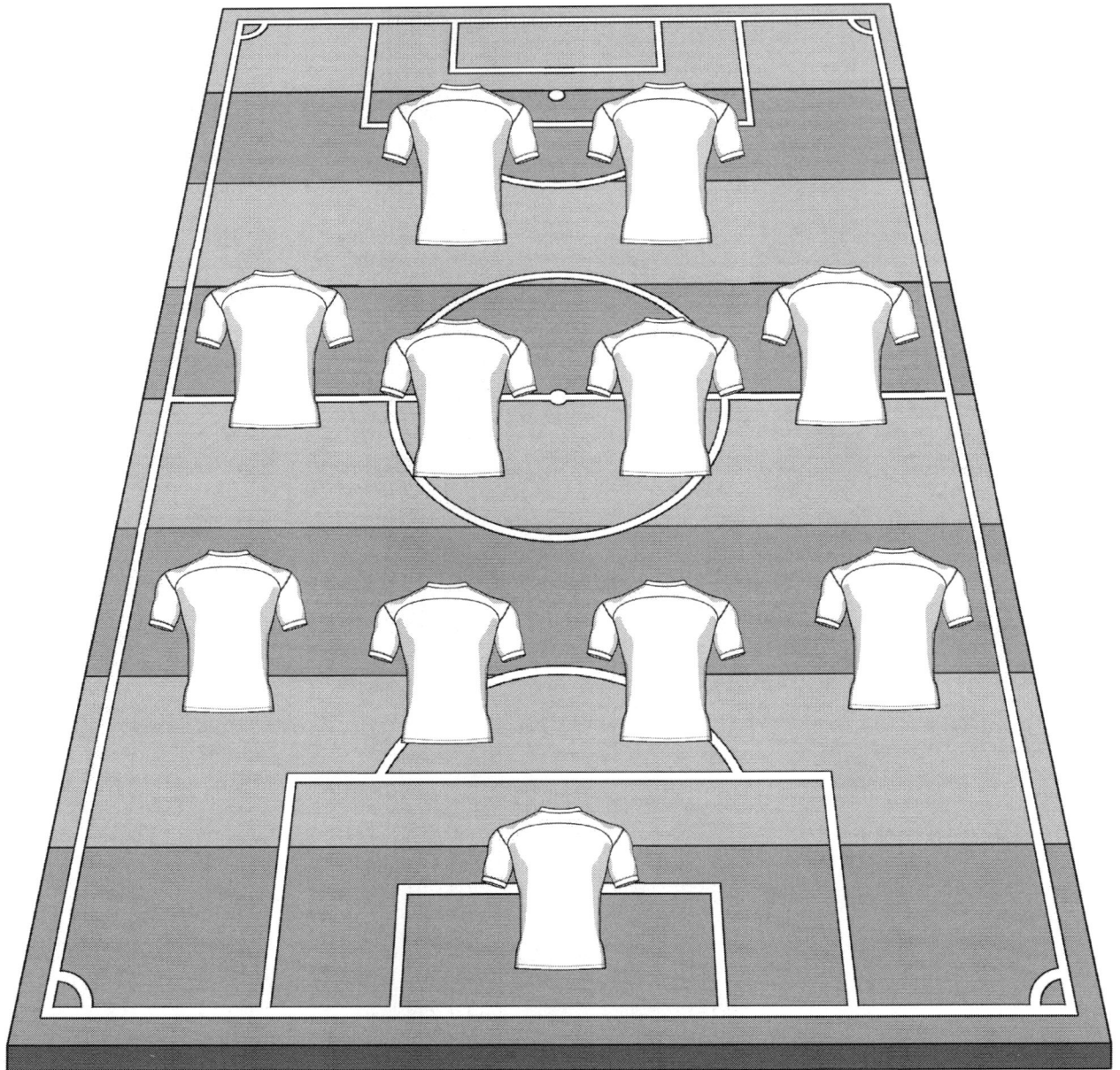

22

JUVENTUS

J	B	X	F	L	M	Q	P	A	Y	M	D	M	C	K	E	N	N	I	E
R	R	J	Y	D	Z	P	I	E	I	Q	O	O	E	O	P	N	M	Z	S
Z	I	Q	A	A	D	N	N	B	L	K	U	K	Y	N	N	V	K	W	Z
F	G	D	K	N	E	J	S	R	I	O	O	M	I	R	E	T	T	I	C
H	Z	A	X	I		U	O	E	N	E	Y	S	O	Z	F	N	H	S	Z
Z	M	Q	S	L	H	G	M	G	G	A	T	T	I	L	P	C	W	Ę
G	V	L	K	O	C	M	L	E	-	T	T	T	J	I	I	A	H	D	S
C	L	G	Y	F	I	P	I	R	J	Z	Y	K	S	W	Ć	W	I	O	N
F	A	K	R	T	G	E	O	Z	U	F	F	D	L	A	K	O	E	O	Y
V	H	M	A	Y	L	R	T	R	N	A	A	O	Q	K	N	A	S	L	F
P	O	G	B	A	I	I	F	R	I	G	E	J	B	T	T	D	A	N	R
H	V	Y	I	I	O	N	L	P	O	I	B	R	W	R	K	G	R	Q	I
J	I	I	O	U	A	T	F	F	R	O	N	G	E	L	I	A	V	O	L
J	Ć	L	T	Z	S	S	O	P	E	L	R	U	G	A	N	I	J	R	X
W	H	D	K	I	S	A	O	M	E	I	X	F	E	K	C	V	L	Y	Z
E	O	I	N	W	O	C	J	I	G	P	E	R	R	D	C	U	B	G	Q
M	X	Z	K	E	A	N	L	L	U	L	O	C	A	T	E	L	L	I	W
V	F	A	N	A	C	W	L	I	I	N	O	U	P	L	Q	W	D	V	N
A	U	D	A	H	J	B	U	K	K	C	D	M	J	O	M	E	I	T	H
O	O	G	K	E	W	D	C	N	I	C	O	L	U	S	S	I	I	N	J

- ☐ #1 - SZCZĘSNY
- ☐ #2 - DE SCIGLIO
- ☐ #3 - BREMER
- ☐ #4 - GATTI
- ☐ #5 - LOCATELLI
- ☐ #6 - DANILO
- ☐ #7 - CHIESA
- ☐ #9 - VLAHOVIĆ
- ☐ #10 - POGBA
- ☐ #11 - KOSTIĆ
- ☐ #12 - SANDRO
- ☐ #14 - MILIK
- ☐ #15 - YILDIZ
- ☐ #16 - MCKENNIE
- ☐ #17 - ILING-JUNIOR
- ☐ #18 - KEAN
- ☐ #20 - MIRETTI
- ☐ #21 - FAGIOLI
- ☐ #22 - WEAH
- ☐ #23 - PINSOGLIO
- ☐ #24 - RUGANI
- ☐ #25 - RABIOT
- ☐ #27 - CAMBIASO
- ☐ #36 - PERIN
- ☐ #41 - NICOLUSSI

JUVENTUS

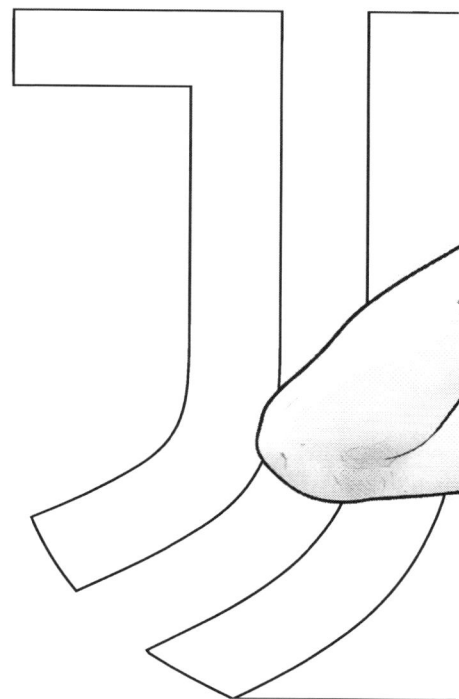

F _ _ _ _ _ _ _ _

_ _ _ _ _ _ _

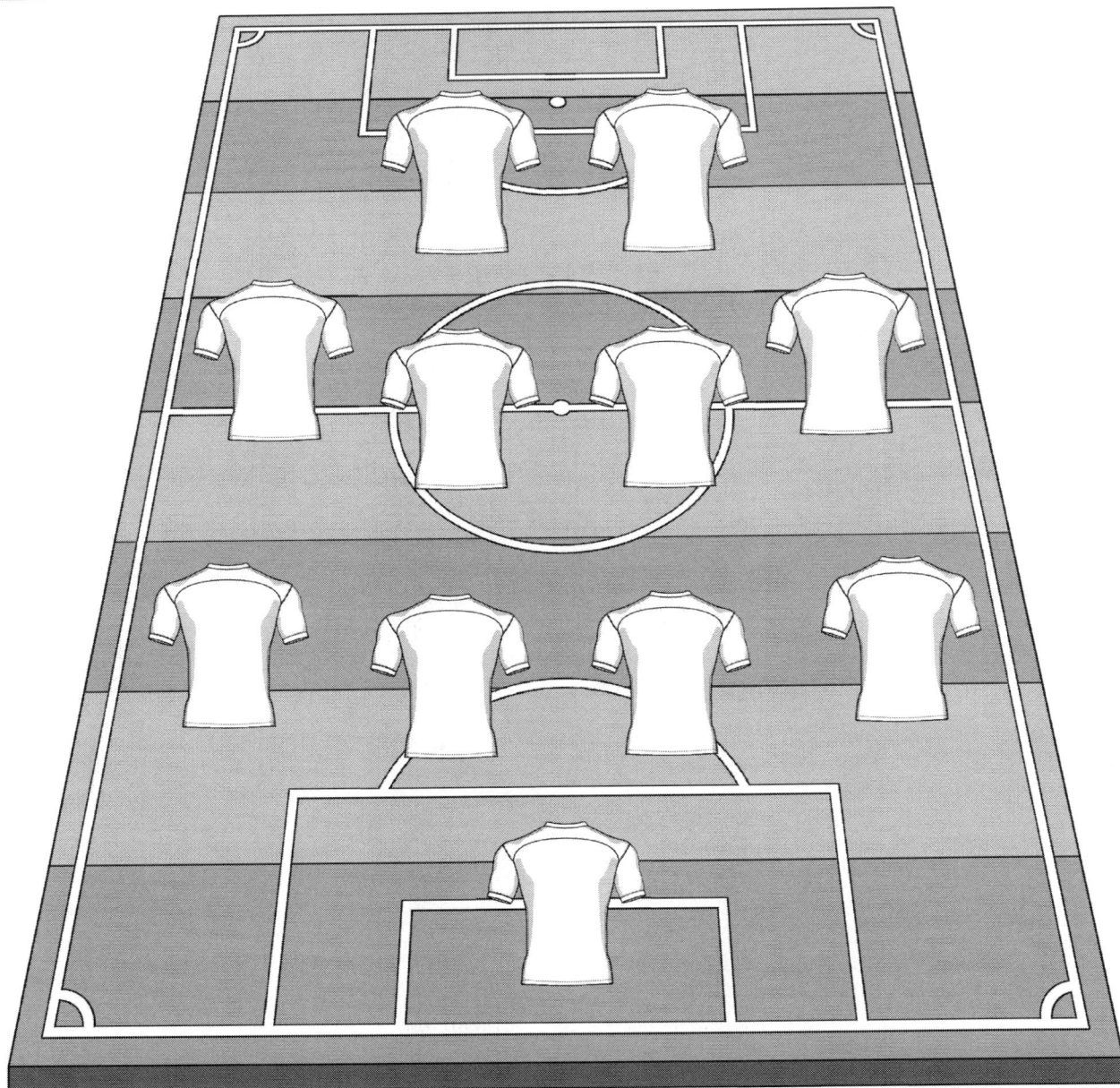

MY ELEVEN

ROMA

B	O	V	E	T	F	Y	N	P	E	L	L	E	G	R	I	N	I	R	S
R	U	I		P	A	T	R	Í	C	I	O	N	D	I	C	K	A	Z	M
K	E	R	A	M	I	T	S	I	S	W	B	T	Y	T	R	D	K	E	A
N	I	V	B	O	E	R	X	Y	N	P	A	G	A	N	O	K	L	L	L
S	P	I	N	A	Z	Z	O	L	A	A	Z	M	O	U	N	U	L		L
C	A	L	E	S	S	I	O	D	Y	B	A	L	A	A	G	M	O	S	I
T	R	Z	U	Z	D	T	P	A	Ç	V	R	B	Y	J	H	B	R	H	N
X	Z	I	M	I	A	F	B	X	J	E	Z	A	Z	B	C	U	E	A	G
L	R	Y	S	C	R	L	S	L	I	N	L	R	O	I	N	L	N	A	M
Z	U	T	N	T	O	G	E	V	H	B	X	I	G	U	R	L	T	R	C
T	U	K	D	Q	A	S	I	W	I	I	O	T	K	M	A	A	E	A	H
C	W	T	A	Z	T	N	T	A	S	L	B	R	I	K	J	R	O	W	E
G	A	T	P	K	L	A	T	A	T	K	A	B	R	A	H	A	M	Y	R
U	Y	S	A	B	U	U	W	E	M	T	I	R	H	I	I	O	H	I	U
C	T	A	R	E	K	A	R	S	D	O	R	P	U	F	G	R	S	Z	B
Z	N	N	E	L	F	P	L	O	U	A	K	I	M	A	S	M	X	D	I
M	T	C	D	O	J	E	I	P	U	U	M	A	N	C	I	N	I	S	N
F	K	H	E	T	A	S	O	L	I	V	E	R	A	S	L	S	N	J	I
Z	I	E	S	T	P	T	A	U	C	S	P	I	S	I	L	L	I	A	U
H	T	S	E	I	K	R	I	S	T	E	N	S	E	N	D	Z	V	D	V

- ☐ #1 - RUI PATRÍCIO
- ☐ #2 - KARSDORP
- ☐ #4 - CRISTANTE
- ☐ #5 - NDICKA
- ☐ #6 - SMALLING
- ☐ #7 - PELLEGRINI
- ☐ #9 - ABRAHAM
- ☐ #11 - BELOTTI
- ☐ #14 - LLORENTE
- ☐ #16 - PAREDES
- ☐ #17 - AZMOUN
- ☐ #19 - ÇELIK
- ☐ #20 - SANCHES
- ☐ #21 - DYBALA
- ☐ #22 - AOUAR
- ☐ #23 - MANCINI
- ☐ #24 - KUMBULLA
- ☐ #37 - SPINAZZOLA
- ☐ #43 - KRISTENSEN
- ☐ #52 - BOVE
- ☐ #59 - ZALEWSKI
- ☐ #60 - KERAMITSIS
- ☐ #60 - PAGANO
- ☐ #61 - PISILLI
- ☐ #62 - ALESSIO
- ☐ #63 - BOER
- ☐ #67 - COSTA
- ☐ #72 - CHERUBINI
- ☐ #74 - OLIVERAS
- ☐ #81 - LOUAKIMA
- ☐ #90 - LUKAKU
- ☐ #92 - EL SHAARAWY
- ☐ #99 - SVILAR

R _ _ _ _ _

_ _ _ _ _

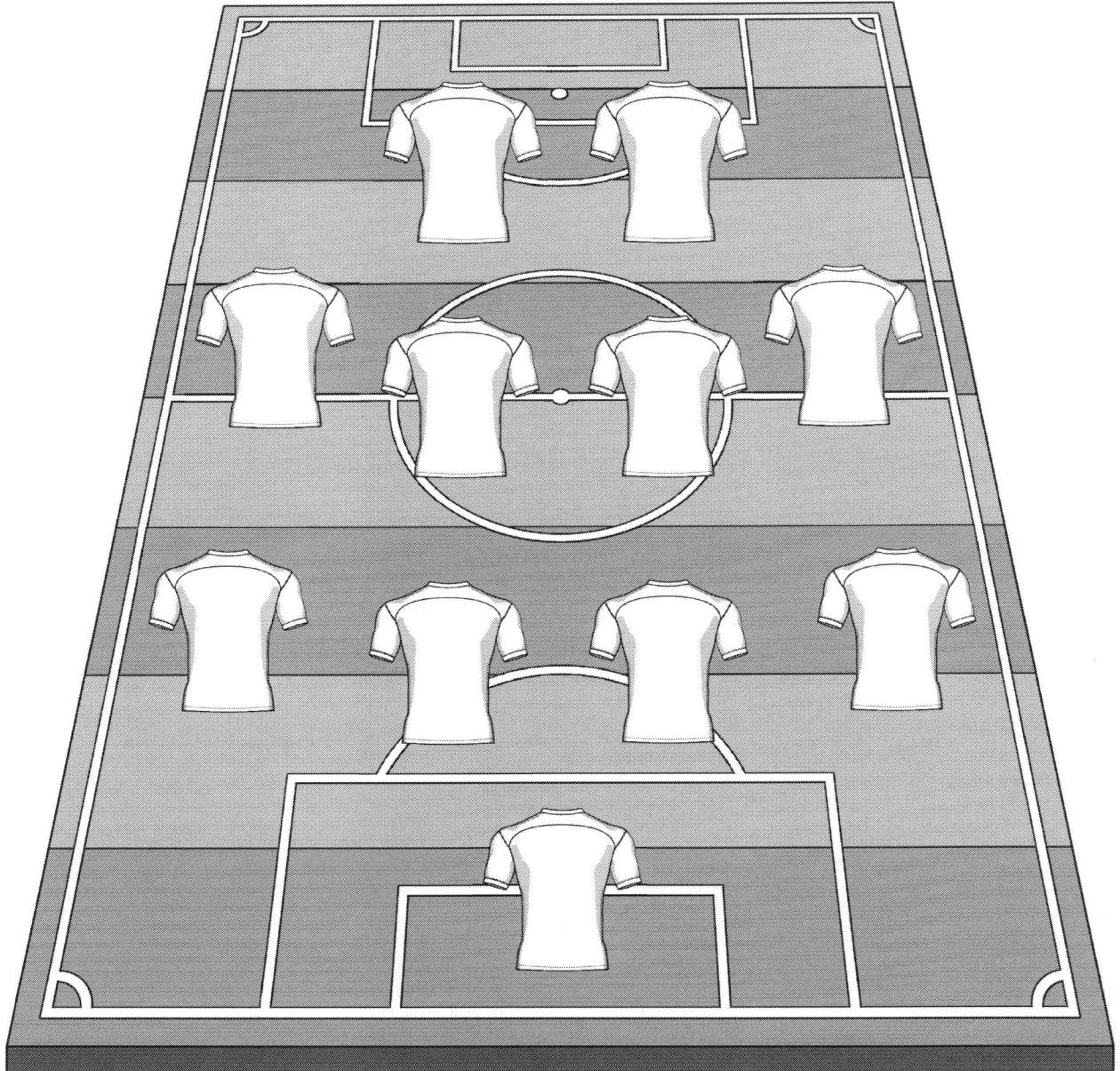

NAPOLI

K	B	Z	V	N	A	T	A	N	R	A	S	P	A	D	O	R	I	Q	H
V	N	O	M	D	E	M	M	E	N	K	Z	K	E	C	W	S	Z	M	J
A	M	P	P	L	C	O	N	T	I	N	I	E	V	P	C	W	I	D	P
R	F	W	J	E	S	U	S	E	D	B	Z	Z	R	T	C	N	E	I	V
A	D	'	A	V	I	N	O	G	G	C	G	A	F	B	C	W	L		L
T	A	L	O	B	O	T	K	A	O	Q	A	Q	N	A	I	C	I	L	O
S	S	F	N	Z	G	Q	G	J	L	T	J	U	O	S	N	Ń	O	I
K	S	I	J	J	L	L	R	A	I	W	L	G	U	D	L	H	S	R	N
H	T	Z	U	Z	E	L	V	U	M	Q	P	I	D	S	Y	I	K	E	Y
E	O	A	M	M	L	H	L	M	I	M	O	R	N	N	T	U	I	N	D
L	D	L	Q	H	M	F	P	C	O	Ø	L	R	G	I	V	E	Z	Z	C
I	G	F	I	M	A	N	Q	L	L	S	I	A	K	H	Y	F	A	O	R
A	O	A	J	N	S	L	U	K	I	T	T	H	Y	I	O	A	N	L	T
Q	U	S	E	P	D	W	E	S	V	I	A	M	G	D	G	K	G	J	I
Z	W	I	N	T	Z	S	V	V	E	G	N	A	A	A	F	N	U	H	C
P	T	F	M	U	A	R	T	O	R	Å	O	N	F	S	M	K	I	F	R
L	L	T	Y	T	H	N	S	R	A	R	B	I	S	I	E	V	S	H	U
O	S	I	M	H	E	N	O	G	Ø	D	K	P	L	A	R	X	S	Y	S
S	F	K	O	D	M	P	A	C	Y	M	F	L	P	K	E	V	A	E	S
Y	U	K	S	I	M	E	O	N	E	X	U	B	C	O	T	I	E	V	O

☐ #1 - MERET
☐ #3 - NATAN
☐ #4 - DEMME
☐ #5 - JESUS
☐ #6 - RUI
☐ #7 - ELMAS
☐ #9 - OSIMHEN
☐ #13 - RRAHMANI
☐ #14 - CONTINI
☐ #16 - IDASIAK

☐ #17 - OLIVERA
☐ #18 - SIMEONE
☐ #20 - ZIELIŃSKI
☐ #21 - POLITANO
☐ #22 - DI LORENZO
☐ #23 - ZERBIN
☐ #24 - CAJUSTE
☐ #29 - LINDSTRØM
☐ #38 - RUSSO
☐ #50 - D'AVINO

☐ #55 - ØSTIGÅRD
☐ #59 - ZANOLI
☐ #68 - LOBOTKA
☐ #70 - GAETANO
☐ #77 - KVARATSKHELIA
☐ #81 - RASPADORI
☐ #95 - GOLLINI
☐ #99 - ANGUISSA

K_ _ _ _ _

_ _ _ _ _ _ _ _ _ _ _ _ _ _ _

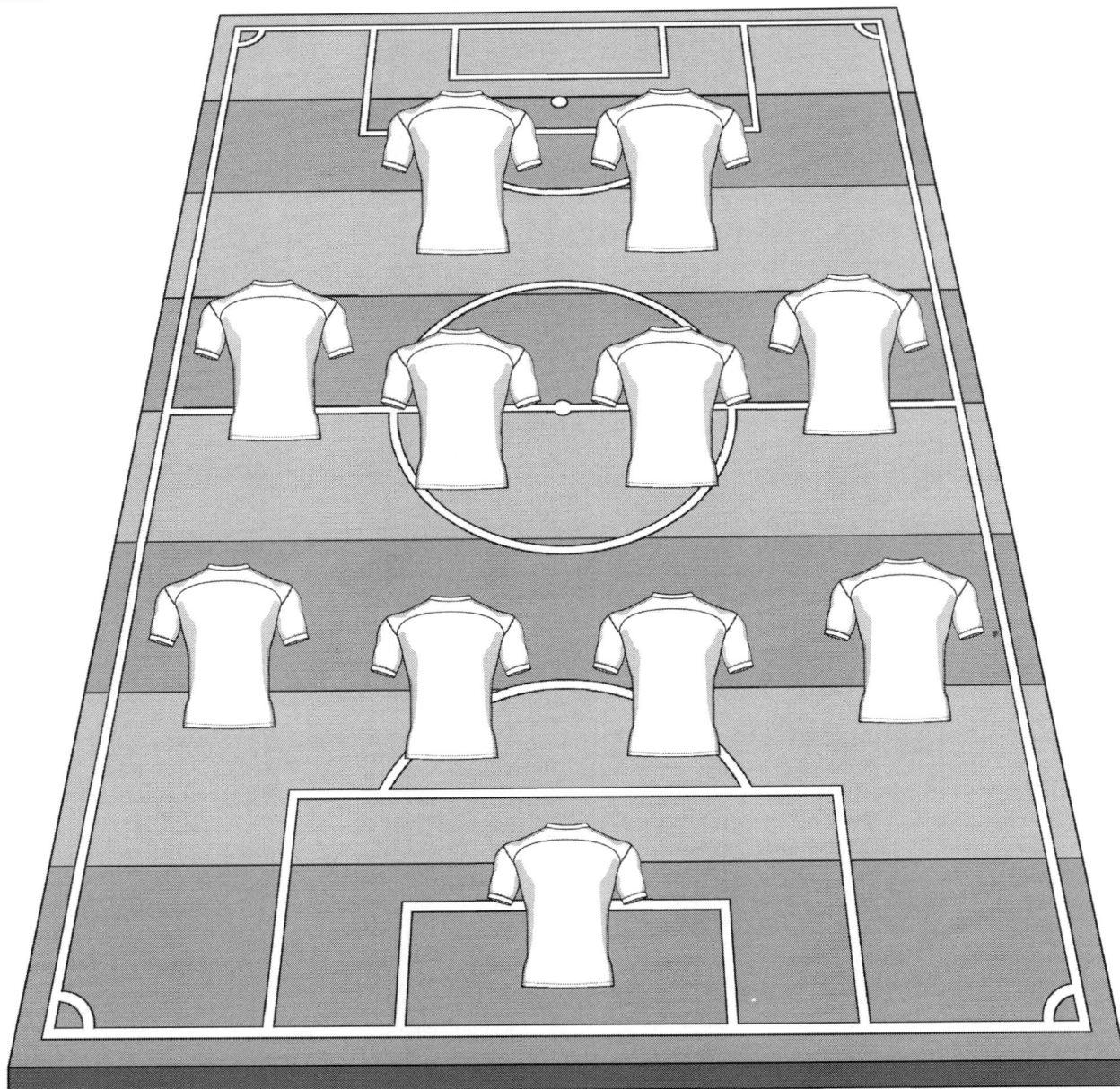

I hope you've enjoyed the book. If you liked it, please consider leaving a positive review on Amazon and your feedback so that we can continue to improve.

We greatly appreciate your comments and will be happy to implement your recommendations.

sportzartcreations@gmail.com

Made in the USA
Middletown, DE
16 November 2023